Fragile Mitte – Feindselige Zustände

Andreas Zick

Anna Klein

Fragile Mitte – Feindselige Zustände

Rechtsextreme Einstellungen in Deutschland 2014

Mit Beiträgen von

Eva Groß, Andreas Hövermann und Beate Küpper

Herausgegeben für die Friedrich-Ebert-Stiftung

von Ralf Melzer

DIETZ

Bibliografische Information der Deutschen Nationalbibliothek

Die Deutsche Nationalbibliothek verzeichnet
diese Publikation in der Deutschen Nationalbibliografie;
detaillierte bibliografische Daten sind im Internet
über http://dnb.d-nb.de abrufbar.

ISBN 978-3-8012-0458-7

Dreizehnmorgenweg 24, 53175 Bonn
Umschlaggestaltung: Jens Vogelsang, Aachen
Satz: Kempken DTP-Service | Satztechnik · Druckvorstufe · Medienvorstufe, Marburg
Druck und Verarbeitung: CPI – Ebner & Spiegel GmbH, Ulm

Printed in Germany 2014

FRIEDRICH EBERT STIFTUNG
Forum Berlin

FES Projekt GEGEN RECHTSEXTREMISMUS

Inhalt

Vorwort 9

1 Fragile Zustände
Andreas Zick, Anna Klein 12

Bruchstellen einer fragilen Mitte 17
Grenzen der Studie 21

2 Untersuchungsanlage, Methodik und Stichprobe der Analysen
Eva Groß 24

2.1 Datengrundlage der Analysen 24
2.2 Methodik 26
2.3 Stichprobe 29

3 Rechtsextreme Einstellungen in einer fragilen Mitte
Andreas Zick, Anna Klein 32

3.1 Verbreitung rechtsextremer Einstellungen 35
3.2 Entwicklungen rechtsextremer Einstellungen seit 2002 43
3.3 Rechtsextremismus und Verhalten 46
3.4 Rechtsextremismus in der Wahrnehmung der Bevölkerung 54
3.5 Zusammenfassung 58

4 Menschenfeindliche Zustände
Anna Klein, Eva Groß, Andreas Zick . . . 61

4.1 Die Verbreitung Gruppenbezogener Menschenfeindlichkeit . . . 65
4.2 Sonderauswertung Antisemitismus im September 2014 . . . 66
4.3 Gruppenbezogene Menschenfeindlichkeit in demografischen Gruppen . . . 72
4.4 Entwicklungen Gruppenbezogener Menschenfeindlichkeit seit 2002 . . . 78
4.5 Menschenfeindliche Zustände? . . . 83

5 Mitten in einer entleerten Demokratie?
Anna Klein . . . 85

5.1 Ausmaße der Demokratiekritik . . . 86
5.2 Kritik an Demokratie und Gleichwertigkeit . . . 89
5.3 Kritik an der Demokratie und Gewaltbereitschaft . . . 94
5.4 Demokratische Proteste . . . 96
5.5 Potentiale und Gefahren demokratiekritischer Bürgerinnen und Bürger . . . 101

6 Marktförmiger Extremismus – ein Phänomen der Mitte?
Eva Groß, Andreas Hövermann . . . 102

6.1 Einzelfacetten von marktförmigem Extremismus in der deutschen Bevölkerung . . . 105
6.2 Das Gesamtphänomen marktförmiger Extremismus . . . 108
6.3 Bedrohung des Lebensstandards als Motor für marktförmigen Extremismus . . . 111
6.4 Das wettbewerbspopulistische Potential . . . 112
6.5 Marktförmiger Extremismus und Rechtsextremismus . . . 115
6.6 Fazit . . . 117

7 Anti-europäische Reflexe und menschenfeindliche Abgrenzungen
Andreas Zick, Beate Küpper 119

7.1 Wie stehen die Deutschen zu Europa? 121
7.2 Welchen Anteil hat die ökonomische Krise? 125
7.3 Europakritisch = rechts? 127
7.4 Geht eine EU-kritische Haltung mit der Abwertung von Südeuropäern einher? 130
7.5 Geht eine EU-kritische Haltung mit rechtsextremen und menschenfeindlichen Einstellungen einher? 131
7.6 Wie nehmen EU-kritische Befragte das Problem Rechtsextremismus wahr? 134
7.7 Zusammenfassende Betrachtung 137

8 Bruch- und Nahtstellen eines fragilen Zustands Zusammenfassung und Vorschläge für eine zivilcouragierte Bildung
Andreas Zick, Anna Klein 139

Anhang

Glossar 159
Literatur 166
Die Autorinnen und Autoren 174

Vorwort

Die Aufarbeitung der Morde des selbsternannten »Nationalsozialistischen Untergrunds« (NSU) und ihrer Begleitumstände war in den zurückliegenden Monaten nicht nur von dem Gerichtsprozess in München, sondern auch von mehreren parlamentarischen Untersuchungsausschüssen auf Bundes- und Landesebene geprägt. Die Abschlussberichte dieser Untersuchungsausschüsse dokumentieren strukturelle Missstände, Fehlverhalten und Ermittlungspannen staatlicher Behörden in erschütterndem Ausmaß. Zugleich wird deutlich, dass noch viele Fragen im Zusammenhang mit den Taten dieses rechtsextremen Terrornetzwerks offen bleiben. Dass und wie der »NSU«-Komplex auf die gesamte deutsche Gesellschaft nachwirkt, spiegelt sich auch in den Ergebnissen der repräsentativen Befragung, die der diesjährigen Mitte-Studie der Friedrich-Ebert-Stiftung zugrunde liegt.

Nach 2006, 2008, 2010 und 2012 ist der vorliegende Band die fünfte Mitte-Studie der Friedrich-Ebert-Stiftung, die sich mit rechtsextremen Einstellungen in Deutschland befasst. Zugleich wird erstmals explizit das Analysemodell der Gruppenbezogenen Menschenfeindlichkeit (GMF) integriert. Nach Beendigung der Zusammenarbeit mit der Universität Leipzig konnte als Partner für die neue Mitte-Studie der Friedrich-Ebert-Stiftung das Institut für Interdisziplinäre Konflikt- und Gewaltforschung (IKG) der Universität Bielefeld gewonnen werden, an dem zwischen 2002 und 2012 unter Federführung von Prof. Dr. Wilhelm Heitmeyer und Prof. Dr. Andreas Zick das GMF-Forschungsprojekt angesiedelt war. Die daraus resultierende zehnbändige Reihe der »Deutschen Zustände« und die Reihe der FES-Mitte-Studien werden nun zusammengeführt. Beschrieben werden 2014 die gesellschaftlichen Bruchstellen einer fragilen Mitte.

Rechtsextremismus ist menschenfeindlich. Die verschiedenen Ausprägungen Gruppenbezogener Menschenfeindlichkeit sind Bestandteile rechtsextremer Orientierungen, weil Rechtsextremismus im Kern eine Ideologie der Ungleichwertigkeit ist, seine ideologische Legitimation also – anders als etwa der Linksextremismus – aus Selbstaufwertung durch Abwertung anderer bezieht. Rechtsextremismus im Kontext der Mitte-Studien heißt also extremes Denken: radikaler Ökonomismus, Europafeindlichkeit, Demokratiefeindlichkeit, Menschenfeindlichkeit – häufig in Verbindung mit Gewaltbilligung und Gewaltbereitschaft.

Insgesamt sind rechtsextreme und menschenfeindliche Einstellungen in Deutschland gegenüber den Vorjahren deutlich zurückgegangen, was natürlich zunächst ein erfreulicher Befund ist. Die genaue Analyse der Zahlen ergibt allerdings ein komplexes Bild. Dass knapp 50 % der Befragten der Meinung sind, es sei am besten, die Rechtsextremen zu ignorieren, deutet zum Beispiel auf eine weit verbreitete Abwehrhaltung gegenüber dem Problem hin.

Festzustellen ist auch ein Trend der Verlagerung hin zu subtileren Formen der Abwertung anderer, etwa in Gestalt der Befürwortung von Etabliertenvorrechten, die gegenläufig zum Gesamttrend angestiegen ist, oder in Form eines stark Israelbezogenen Antisemitismus und einer NS-relativierenden Israel-Kritik im Vergleich zu klassischen judenfeindlichen Orientierungen. Mögliche Ursachen für diese Entwicklungen werden in den einzelnen Kapiteln des hier vorliegenden Buches diskutiert. Wie wenig Anlass zu Entwarnung besteht, ist im Sommer 2014 während des Gaza-Krieges auf erschreckende Weise zu Tage getreten, als auch in Deutschland ein unter der Oberfläche gärender, aggressiver und teilweise gewalttätiger Antisemitismus hervorbrach. Die Zahlen belegen das Problem: So ist es zwischen Juni und September 2014 zu einem Anstieg der klassischen Facette des Antisemitismus gekommen.

Rechtsextremismus und Rechtspopulismus sind nicht nur eine deutsche, sondern auch eine europäische Herausforderung. Nationalismus und Populismus, die Stigmatisierung von Gruppen und anti-europäische Reflexe als Teil einer (Rück-) Besinnung auf Nationalstaatlichkeit sind auf dem Vormarsch. Zuletzt haben die Wahlen zum Europäischen Parlament im Mai 2014 gezeigt, dass sich diese Stimmungen durchaus auch in Wählerstimmen niederschlagen – etwa in Frankreich, wo der Front National 25 % erreicht hat.

Mögen manche Beobachterinnen und Beobachter sogar mit einem noch stärkeren Abschneiden der radikalen Rechten europaweit gerechnet haben: Das Wahlergebnis bedeutet einen Rechtsruck, der die Politik auf europäischer und vielleicht sogar mehr noch auf nationalstaatlicher Ebene verändern wird. In Deutschland war 2014 vor allem ein »Superkommunalwahljahr«, und wiederum konnten Vertreterinnen und Vertreter aus dem rechtsextrem-rechtspopulistischen Spektrum zahlreiche Mandate in kommunalen Parlamenten erringen. Wenn bei all dem der Rückgang rechtsextremer Einstellungen in der Bevölkerung teilweise auch an den verstärkten Anstrengungen in Politik, Zivilgesellschaft und im Bildungsbereich läge, dann wäre das ein schöner Erfolg. Jedoch gilt es, die Auseinandersetzung mit Rechtsextremismus auch weiterhin entschieden und kontinuierlich fortzusetzen. Umso wichtiger erscheinen da die Handlungsfelder politischer Bildungsarbeit, die am Ende dieses Buches formuliert werden.

Der herzliche Dank des Herausgebers gilt allen Autorinnen und Autoren sowie dem gesamten Team des IKG in Bielefeld für die ausgezeichnete Zusammenarbeit. Gleiches gilt für die Kolleginnen und Kollegen des Verlags J. H. W. Dietz Nachf. in Bonn. Stellvertretend sei an dieser Stelle Dr. Alexander Behrens genannt, in dessen bewährten Händen das Lektorat auch dieser Mitte-Studie lag.

Berlin, im Oktober 2014

Dr. Ralf Melzer
Leiter des Arbeitsbereichs »Gegen Rechtsextremismus«
im Forum Berlin der Friedrich-Ebert-Stiftung

1 Fragile Zustände

Andreas Zick, Anna Klein

Der Zustand einer Gesellschaft bemisst sich an vielen Kriterien. In Deutschland berechnen viele Menschen ihn zuvorderst an Fragen der Sicherheit, und dabei vor allem an ökonomischer Sicherheit. Es geht dabei um mehr oder minder objektive Erfolge oder Misserfolge, die den Zustand als gut oder eben schlecht und problematisch erscheinen lassen. In gewisser Weise folgt dies einer Logik, nach der die ökonomische Lage einer Gesellschaft alles andere bestimmt: Geht es ökonomisch gut, dann kann der Rest auch gut sein.

Dieser ökonomische und – in ideologischer Verdichtung – ökonomistische Blick durchflutet alle Bereiche, eben auch jene Bereiche, die den Zustand einer Gesellschaft wie die der Bundesrepublik Deutschland viel besser beschreiben sollten. Gemeint ist der soziale Zustand der Gesellschaft, wie wir ihn über viele Jahre hinweg am Institut für Interdisziplinäre Konflikt- und Gewaltforschung der Universität Bielefeld in den »Deutschen Zuständen«[1] beobachtet haben. Der soziale Zustand ist komplexer, vielschichtiger und sehr viel schwieriger zu bestimmen als ökonomische und demografische Indikatoren, und dennoch ist er mit Blick auf die Verfasstheit von Gesellschaften wie der BRD weitaus wichtiger, denn: Der deutsche Zustand bemisst sich letztendlich an der Verfassung, die das Land sich gegeben hat und ihrer Verwirklichung. Diese Verfassung definiert den Zustand an dem zentralen Kriterium der Freiheit und Gleichwertigkeit von Personen und Gruppen in Gesellschaften. Das Credo der Gleichwertigkeit ist der sensibelste Gradmesser der gesellschaftlichen Lage einer Demokratie. Es geht um die Frage von Integration oder Desintegration, Anerkennung oder Missachtung, Chancen oder Diskriminierungen.

1 Reihe »Deutsche Zustände«, hg. v. W. Heitmeyer, 2002–2012, im Suhrkamp Verlag.

Um diesen Zustand geht es auch in den Studien zu *rechtsextremen Einstellungen*, die die Friedrich-Ebert-Stiftung in Auftrag gibt und die wir in dem vorliegenden Band mit den Studien zum *deutschen Zustand* zusammenführen. Seit 2006 hat die Friedrich-Ebert-Stiftung zusammen mit den Wissenschaftlern Elmar Brähler und Oliver Decker (Leipzig) in den Mitte-Studien vor allem Einstellungen untersucht, die in extremer Weise die Gleichwertigkeit angreifen und damit den Zustand der Gesellschaft für Personen und Gruppen in besonders scharfer Form desintegrativ werden lassen.[2] Der Blick war auf die rechtsextremen Mentalitäten und Einstellungen gerichtet und die Frage, inwieweit diese auch außerhalb ihres Ursprungsmilieus, den rechtsextremen Gruppen, so weit in der Bevölkerung verbreitet sind, dass die These vom Rechtsextremismus in der Mitte der Gesellschaft aufrechterhalten werden kann. Diese Linie von Brähler/Decker wird sowohl mit der hier vorliegenden Publikation in neuer Konstellation weiterverfolgt, als auch von den früheren Autoren selbst als »Leipziger Mitte-Studien« fortgeführt (Decker, Kiess & Brähler 2014).

In den Studien zur Gruppenbezogenen Menschenfeindlichkeit einschließlich einer von der Friedrich-Ebert-Stiftung herausgegebenen europäischen Vergleichsstudie (Zick, Küpper & Hövermann 2011) haben wir vor allem die Frage der Bemessung der Gleichwertigkeit von Gruppen in der Gesellschaft in das Zentrum der Analyse gerückt und dazu viele weitere politische Einstellungen untersucht, als Korrelate und Erklärungsfaktoren wie beispielsweise von der Menschenfeindlichkeit abhängige Meinungen und Verhaltensabsichten. Dabei ging es weniger zentral um die Frage, wie sehr eine Mitte anfällig für Gedanken, Affekte und Verhaltensintentionen ist, die eigentlich dem rechtsextremen Milieu zuzurechnen sind, sondern inwieweit die Integrität und Gleichwertigkeit von Gruppen und Personen, weil sie bestimmten Gruppen angehören, infrage gestellt wird. Es ging weniger um die Frage nach einem mehr oder minder geschlossenen Weltbild, sondern um das stärkste Kriterium demokratisch verfasster Gesellschaften: die Gleichwertigkeit der Menschen. Mithin ging es in den Studien zur Gruppenbezogenen Menschenfeindlichkeit immer um die Etablierung einer Normalität, die für Gruppen und Personen zerstörerisch ist,

2 Zuletzt 2012: Decker, O./Kiess, J./Brähler, E., Die Mitte im Umbruch. Rechtsextreme Einstellungen in Deutschland 2012, hg. für die Friedrich-Ebert-Stiftung von Ralf Melzer. Bonn (Dietz) 2012.

weil sie ihre verbürgte Gleichwertigkeit angreift oder erst gar nicht entstehen lässt. Es ging um die Normalisierung der Menschenfeindlichkeit in einem Maße, dass die Desintegration und Diskriminierung von Gruppen in der Gesellschaft »normal« erscheint und den Verdacht des Extremistischen, des Abweichenden unterläuft.

Beide Studienformate werden im vorliegenden Band zusammengeführt, weil beide Fragestellungen – rechtsextreme Einstellungen und Gruppenbezogene Menschenfeindlichkeit – zusammengehören und die Studien neben vielen anderen Untersuchungen auch Parallelen in der Fragestellung aufweisen. Die langjährige Beobachtung der Vorurteile und Diskriminierungen, der antidemokratischen Mentalitäten, Feindseligkeiten und rechtsextremen Milieus, die wir seit fast zwei Dekaden vornehmen, haben eine hinreichende Evidenz für die These geschaffen, dass weite Teile der deutschen Gesellschaft anfällig dafür sind, andere Gruppen und ihre Mitglieder als ungleichwertig, minderwertig anzusehen oder sogar für »überflüssig« zu halten, sei es aus einer erlernten unbewussten Antipathie oder weil die Ungleichwertigkeit benötigt wird, um eine demokratiegefährdende Ideologie zu rechtfertigen – aber das werden wir später diskutieren.

Es ist dieses Momentum der Zuschreibung von Ungleichwertigkeit, das die bindenden und integrativen Kräfte zerbrechlich, also fragil macht, auf die eine demokratisch verfasste Gesellschaft vertrauen muss. Es öffnet die Schleusen für Diskriminierungen und desintegrative Kräfte, die immer wieder mühsam zu bearbeiten sind, denn da wo Ungleichwertigkeit in Erscheinung tritt, ist ein demokratischer Staat gefordert, dagegen etwas zu tun. Dabei stammen die Affekte und Ideologien der Ungleichwertigkeit aus unterschiedlichen, diversen Quellen. Einerseits legt die Geschichte des Rechtsextremismus in Deutschland – und natürlich ist der Blick hier enorm geprägt vom NSU-Prozess in München – nahe, dass Ungleichwertigkeitsideologien hierzulande massiv von rechtsextremen Milieus in die Mitte der Gesellschaft und wieder zurück an ihre Ränder transportiert worden sind. Andererseits wird durch die Studien der Friedrich-Ebert-Stiftung und die Studien zur Gruppenbezogenen Menschenfeindlichkeit deutlich, dass sich insbesondere dort rechtsextreme Milieus ausbilden können, wo Ungleichwertigkeiten schon vorhanden sind.

Dabei kann die Ungleichwertigkeit auf recht unterschiedliche Weise in Erscheinung treten. Einerseits kann sie als objektive Lage von Gruppen beschrieben werden, also einer Lage, die prekär, sozial benachteiligt und deshalb schwierig erscheint. Viele Menschen in der Bundesrepublik leben in einer prekären, ungleichwertigen Lage und haben de facto weniger Chancen als andere. Gegen diese Gruppen richtet sich rechtsextreme und menschenfeindliche Propaganda, doch aus einigen prekären Gruppen rekrutieren rechtsextreme Milieus zugleich ihre Unterstützung. Die ungleichwertige Lage erklärt aber nicht per se die Anfälligkeit für antidemokratische Mentalitäten. Viele Menschen, die selbst zu Zielgruppen von menschenfeindlichen Ideologien gehören, leben in solchen Lagen.

Ungleichwertigkeit wird allerdings auch subjektiv empfunden und mit einem Feindschaftsverhältnis gegenüber anderen Gruppen verbunden, was stets im Mittelpunkt der Propaganda steht. Hier erscheint die Ungleichwertigkeit als eine Überzeugung, andere Gruppen oder Personen, die ihnen angehören, seien weniger wert, weniger zur Gesellschaft passend, bedrohlicher, abweichender, abstoßender als andere. Vor dem Hintergrund dieser Ideologie der Ungleichwertigkeit kann sich die ganze Macht von Stereotypen, Vorurteilen und politischen Ideologien der Minderwertigkeit von Gruppen entfalten. Sie ist ein Tor wie auch ein Türöffner für die Zusammenkunft von Menschenfeinden, vor allem von solchen, die dazu eine politische Ideologie haben und diese Ungleichwertigkeitsideologie zur Legitimation ihrer Macht und Dominanz benötigen – wie es eben rechtsextreme und rechtspopulistische Gruppen tun. Sie öffnen aber auch jenen die Tür, die mit weitaus weniger politischen Ansprüchen ihre bürgerlichen Etabliertenvorrechte wahren oder durchsetzen möchten.

Dabei speist sich die ungeheure Anziehungskraft der Menschenfeindlichkeit aus vielen verschiedenen Quellen. Sie ist immer *gruppenbezogen*, also ein Urteil von Gruppen über andere Gruppen, kein individuelles Urteil über andere Personen. Gruppenbezogene Menschenfeindlichkeit ist dann besonders stark in Gesellschaften einzementiert, wenn sie verbindenden Charakter hat und Identität schafft. Dies gelingt ihr auch deshalb, weil sie sich maskieren kann. Sie kann sich in scheinbar individuelle Erfahrungen verkleiden (»Ich kenne jemand, der …«). Sie kann sich als scheinbare wissenschaftliche Evidenz verkleiden (»Wir wissen alle, dass …«). Sie kann offen und bewusst oder indirekt durch ein distanzierendes Verhalten geäußert werden.

Mithin gelingt es Menschenfeindlichkeit im für eine demokratische Gesellschaft schlechtesten Fall, sich zu normalisieren und so zu erscheinen, als sei ihre Akzeptanz nicht nur normal, sondern geradezu geboten. Es ist diese Normalisierung, die uns im vorliegenden Band besonders interessiert, also die »Kraft des Normalen«, die dazu führt, dass rechtsextreme Einstellungen und Menschenfeindlichkeiten in weiten Teilen der Gesellschaft und vor allem in einer normtragenden Mitte akzeptiert, unterstützt oder sogar erzeugt werden.

Demokratische Gesellschaften benötigen starke Gruppen, die (immer wieder) normsetzend, -bildend und -kontrollierend sind und dies im besten Falle ohne staatliche Kontrolle und/oder Aufforderung tun. Wenn sich aber in normbildenden Gruppen Menschenfeindlichkeiten normalisieren, dann hat das massive Auswirkungen auf den Einzug anti-demokratischer Ideologien, wie sie in rechtsextremen Milieus immer wieder und ungeachtet einer Anklage ihrer terroristischen Motivation offenbar werden.

An dieser Stelle kommt der gesellschaftlichen Mitte in vielen Ansätzen der politischen Bildungsarbeit und nach Überzeugung von Anhängern der repräsentativen Demokratie eine besondere Bedeutung zu. Allerdings ist die Mitte ein schwieriges politisches Konstrukt. Sie kann höchst unterschiedlich definiert und interpretiert werden, sei es aus objektiver Sicht oder aus der Innenansicht von Bürgerinnen und Bürgern, die sich selbst als Mitte betrachten (Zick & Küpper 2006). Wir beschreiben sie hier eher als normbildende Mehrheit einer Gesellschaft, als jenen Großteil in einer Gesellschaft, der maßgeblich an der politischen und demokratischen Willensbildung beteiligt ist oder sein kann. Mitte sieht sich selbst meist in Abgrenzung zu den »extremen Rändern« und Subgruppen, die weit vom Konsens abweichen. Sie ist ökonomisch, aber auch sozial zu definieren, objektiv wie subjektiv. Aus jahrelangen Studien wissen wir, dass sich die Mehrheit der Deutschen selbst als Mitte bezeichnen, wenn es etwa um ihre politischen Ansichten geht.

Bruchstellen einer fragilen Mitte

Wir bestimmen den Zustand dieser Mitte im vorliegenden Band als »fragil«. Wir befassen uns also mit der These, dass die normbildende Mitte, soweit wir sie abbilden können, instabil, brüchig ist. Dabei denken wir weniger an den ökonomischen Zustand der Mitte, der sicherlich auch in weiten Teilen fragil ist (Hermann 2012), sondern die Fragilität, die wir meinen, bemisst sich an den Normen und Werten der Gesellschaft. Mit diesem Blick ist eine Mitte zerbrechlich, wenn sie ein bestimmtes Ausmaß an Ungleichwertigkeitsideologien und -affekten aufweist, wenn sie menschenfeindliche Gedanken, Gefühle und Handlungsabsichten hat, die jene Norm unterlaufen, die ihr selbst die Integration in die Gesellschaft garantiert. Fragil ist ihr Zustand zudem, weil sich Gruppenbezogene Menschenfeindlichkeit nicht zwangsläufig auf Feindseligkeit gegen Andere, die abgewehrt werden, beschränkt, sondern sich im Prinzip gegen alle einschließlich sich selbst wenden kann: Die eigene Feindseligkeit gegen wohnungslose Menschen, arbeitslose Menschen, Menschen mit Behinderung, Ältere, sozial schwache und arme Gruppen schützt nicht davor, einmal selbst zu diesen Gruppen zu gehören.

Dazu können wir uns für einen Moment die gesellschaftliche Mitte wie ein Glashaus vorstellen, wobei damit kein Haus mit gläsernen Bürgerinnen und Bürgern gemeint ist, sondern ein Haus der Transparenz und der gesellschaftlichen Chancen und Risiken. Dass die Mitte fragil ist, bedeutet in diesem Bild: Sie ist dünnhäutig, zerbrechlich und weist eventuell Splitter in ihrem eigenen Selbstbild auf, wenn es um die Frage von Normen und demokratischen Werten geht. Die Splitter stammen dabei aus der Akzeptanz antidemokratischer und verfassungsfeindlicher Meinungen, die vielleicht nicht strafrechtlich relevant sind, aber andere Personen und Gruppen beschädigen. Splitter entstehen schon da, wo eine Mitte sich nicht aus eigenen Kräften über Ungleichwertigkeiten verständigen kann oder sich sogar dem Thema Menschenfeindlichkeit verwehrt und stattdessen Vorurteile reflexhaft den diskriminierten Gruppen oder der Ideologie einer sogenannten »Politischen Korrektheit« zuschreibt, anstatt sich mit ihnen auseinanderzusetzen.

Im vorliegenden Band werden wir eine Reihe ausgewählter Bruchstellen untersuchen, um zu prüfen, wie fragil der Zustand der gesellschaftlichen Mitte ist.

Es geht um Bruchstellen, die den Einzug von Ungleichwertigkeiten öffnen und letztendlich damit der Diskriminierung und dem Ausschluss den Weg bahnen. Äußerst zerbrechlich ist dabei eine Gesellschaft, wenn sie Meinungen, Überzeugungen, Affekte und Handlungsabsichten rechtsextremer antidemokratischer Randgruppen aufweist, weil sie sie akzeptiert oder unreflektiert reproduziert.

Die radikalste erste Bruchstelle ist daher die *Akzeptanz rechtsextremer Orientierungen* in der Mitte beziehungsweise in weiten Teilen der Bevölkerung. Wenn Bürgerinnen und Bürger, die selbst nicht rechtsextremen Milieus angehören oder sich sogar davon distanzieren, die Einstellungen dieser Milieus teilen, dann erfüllt sich ein Ziel der extrem rechten Gruppen: die Bestätigung der Annahme, dass man den Volkswillen und Volksmeinungen vertreten würde. Allerdings gehört zu einer Analyse der Frage, wie sehr rechtsextreme Einstellungen in der Bevölkerung geteilt werden, unseres Erachtens auch die Frage, welches Verhältnis die Bevölkerung, also die Mitte, zum Phänomen Rechtsextremismus beziehungsweise zu rechtsextremen Gruppen und Handlungen hat (siehe Zick & Hövermann 2013).

Eine zweite Bruchstelle wird umso größer, je länger sich die erste Bruchstelle in die Mitte hineinzieht. Sie besteht in der *Akzeptanz und Befürwortung von menschenfeindlichen Meinungen*, die wiederum Gedanken, Emotionen oder feindseligen Handlungsabsichten repräsentieren. Mit Gruppenbezogener Menschenfeindlichkeit bezeichnen wir Feindseligkeiten gegenüber Gruppen, die in einer Gesellschaft als schwach, abweichend, minderwertig oder zum Beispiel unpassend bezeichnet werden und ein hohes Diskriminierungsrisiko aufweisen. Die Feindseligkeiten können in Vorurteilen, negativen Emotionen, als Hass-Reden oder -Taten erscheinen. Sie sind gruppenbezogen, weil sie eine Ungleichwertigkeit von Gruppen gegenüber Gruppen ausdrücken, auch wenn Personen sie individuell äußern. Wir reden von Menschenfeindlichkeit, weil die unterschiedlichsten Feindseligkeiten miteinander verbunden sind in einem Syndrom der Gruppenbezogenen Menschenfeindlichkeit. Wer antisemitische Meinungen teilt, hegt meist auch Feindseligkeiten gegen andere Gruppen. Die Gruppenbezogene Menschenfeindlichkeit ist eine besondere Bruchstelle der Demokratie; wohl deshalb hat die gegenwärtige Bundesregierung die Bekämpfung von Rechtsextremismus weit oben auf ihre Agenda gesetzt. Es gibt keine rechtsextremen Orientierungen ohne Menschenfeindlichkeit, aber es gibt Menschenfeindlichkeit auch ohne die Zugehörigkeit zu rechtsextremen Parteien, Organisationen und Milieus. Gruppenbezogene Menschenfeindlichkeit eint Menschen quer durch die Gesellschaft und ist auch eine Brücke zu vielen anderen Bruchstellen.

Eine solche Bruchstelle erscheint weniger dramatisch, wenn sie weniger gewaltorientiert und ausgrenzend erscheint, sich aber dennoch mit den ersten beiden Stellen verbinden kann. Je mehr Menschen zu der Überzeugung gelangen, dass die Demokratie mit ihren Werten, Normen und Spielregeln zur Kontrolle von Konflikten nicht mehr taugt, desto stärker werden rechtsextreme und menschenfeindliche Orientierungen von diesen Zweifeln und Gefühlen der Ohnmacht profitieren. Die Vorstellung einer *(sinn-)entleerten Demokratie* erhöht die Fragilität der Mitte enorm. Sie wird getragen von Misstrauen und dem Gefühl der Entfremdung von der Funktionsfähigkeit der Gesellschaft. Und sie nährt die Mobilisierung von Kräften, die sich gegen schwächere Gruppen richten.

Eine vierte Bruchstelle entsteht vor allem an den Nahtstellen, wo sich – um im Bild zu bleiben – das Glashaus zusammensetzt. Jede Gesellschaft stellt sich am besten immer wieder die Frage, was ihre Gruppen, ihre Werte und Normen, ihre Wände zusammenhält und wer überhaupt in das Haus hinein und an seinem Schutz partizipieren darf. Dazu bedarf es Kriterien, mit Hilfe derer wir Fragen der Integration beantworten können. Werte und Normen bieten solche Kriterien. In den vergangenen Jahren haben wir beobachten müssen, dass weniger humanistische, zivile und demokratische Werte und Normen für die Menschen relevant sind, um die Frage zu beantworten, wer in der Gesellschaft dazugehört und welchen Platz er oder sie im Haus einnehmen sollen. Vielmehr ziehen immer mehr Wertmaßstäbe der Wirtschaft beziehungsweise Wirtschaftlichkeit, Effizienz und eines überbordenden Individualismus in die Debatte über den Wert und die Gleichheit von Gruppen ein und postulieren, dass Erfolg allein auf Kompetenz und Anstrengung zurückzuführen sei. In der Mitte hat sich ein *marktkonformer und -förmiger Extremismus* eingeschlichen, der insbesondere Feindseligkeiten gegenüber den »Überflüssigen«, also jenen Gruppen, die vermeintlich nicht die harten wirtschaftlichen Faktoren erfüllen, rechtfertigt.

Solche ökonomistischen Orientierungen, mit denen Gruppen und Personen beurteilt werden, erzeugen auch deshalb Risse in der demokratisch verfassten Gesellschaft, weil sie anschlussfähig sind an rechtspopulistische Propaganda: Diese betreibt eine demokratiefeindliche Agitation mit dem Verweis auf die große Bedeutung einer nationalen Wirtschaftsautonomie, auf die Bedrohung liberaler Freiheiten für den Einzelnen, auf die Bedrohung durch scheinbare Fremdgruppen und mit der Forderung von Strafen für alle, die nicht »normal« sind. So versuchen sie Ordnung herzustellen. Im Frühjahr des Jahres 2014 haben viele rechtspopulistische Gruppen und Parteien im Vorfeld der Europawahl Bedrohungsszenarien für die Mitte entworfen, und dabei wurden auch massive Ungleichwertigkeitsideologien über angeblich »schmarotzende« Gruppen im Land angeboten. Der Rechtspopulismus suggeriert, dass die Grenzen um das Haus verletzt werden und die Zäune und Hecken angesichts bedrohlicher Überfremdung hochgezogen werden müssten. So sehr dabei der zunehmenden Verfremdung der Mitte durch Fremde das Wort geredet wird, so sehr weist die Mentalität auch selbst entfremdete Züge von den Regeln demokratischer Konfliktregulation auf.

Verstehen wir die Gesellschaft als ein Haus und bestimmen wir ihre Bruchstellen und Risse, dann können wir nicht ausblenden, dass das »deutsche Haus« Teil einer größeren europäischen Gemeinschaft ist. In diesem deutschen Haus haben sich dank der oben genannten Bruchstellen in den vergangenen Jahren massive *anti-europäische Reflexe* eingeschlichen, die eben sehr eng mit menschenfeindlich-rechtsextremen Bruchstellen verbunden sind und neue Risse entstehen lassen. Diese Bruchstelle ist nicht neu, weil die Europäische Union von ihren Mitgliedern schon immer auch kritisch beäugt wurde und die Frage, ob es jenseits einer Wirtschaftsunion auch eine Gemeinschaft gibt oder geben sollte, unterschiedlich beurteilt wird. Allerdings hat unseres Erachtens eine anti-europäische Haltung als übergeordnete identitätsstiftende Einheit Kräfte, die zu einer Zersplitterung führen können, weil sie verbunden ist mit menschenfeindlichen und antidemokratischen Überzeugungen. Wie sehr eine Europakritik mit einer undifferenzierten Abwertung von Gruppen einhergeht, werden wir prüfen.

Es gibt sicherlich noch weitaus mehr Bruchstellen einer fragilen Mitte beziehungsweise Gesellschaft. Wir beleuchten jene, die uns besonders gefährlich erscheinen und das fein geschliffene und behütende »Glashaus Demokratie« zum Einsturz bringen können, wenn jene, die sich als Mitte verstehen, selbst Risse erzeugen und am Ende auch noch ignorieren. Wir blicken hier mit einem wissenschaftlichen Instrument auf fünf miteinander verwobenen Bruchstellen:

- **Rechtsextremismus** (➠ siehe Kap. 3)
- **Menschenfeindlichkeiten** (➠ siehe Kap. 4)
- **Demokratieentleerungen** (➠ siehe Kap. 5)
- **Ökonomismus** (➠ siehe Kap. 6)
- **Anti-Europäismus** (➠ siehe Kap. 7)

Während die ersten Bruchstellen relativ hart sind, im Sinne von gewaltorientiert und ausgrenzend, erscheinen letztere weniger hart und erhalten ihre Zersplitterungskraft gerade dadurch, dass sie letztendlich miteinander verbunden sind.

Bei der Vermessung dieser Bruchstellen wenden wir wissenschaftliche Instrumente an. Dem vorliegenden Bericht liegt die Untersuchung ökonomischer Verteilung und der Zusammenhänge von Überzeugungen, Affekten und Handlungsabsichten in einer repräsentativen Stichprobe der deutschen Bevölkerung zugrunde. Die Befragung in diesem Jahr erfolgte in Kooperation mit dem Sozialwissenschaftlichen Umfragezentrum in Duisburg (SUZ)[3].

Mit dieser Erhebung schreiben wir auch die Untersuchung rechtsextremer Einstellungen von 2002 bis zum Jahr 2014 fort, berichten also von entsprechenden Meinungstrends über einen Zeitraum von zwölf Jahren. Ebenso schreiben wir die Entwicklungen der Gruppenbezogenen Menschenfeindlichkeit über einen Zeitraum von 2002 bis 2014 fort. Damit ist dieser Bericht gleichermaßen Mitte-Studie und Monitor des Deutschen Zustandes.

Grenzen der Studie

Mit einer empirischen Studie, wie sie hier vorgelegt wird, können wir eine Beschreibung von menschenfeindlichen und rechtsextremen Orientierungen sowie dem Verhältnis von Bürgern zu ihrer Demokratie nach den besten ge-

3 Eine ausführliche Beschreibung des Untersuchungsdesigns, der Methodik und der Stichprobe bietet Kapitel 2.

genwärtigen wissenschaftlichen Standards abgeben. Und wir können Annahmen prüfen, die letztendlich Erklärungen dafür bieten, warum bestimmte Gruppen anfällig oder geschützt davor sind, antidemokratischen Meinungen zuzustimmen.

Wir können aber nicht alle Nischen der Gesellschaft ausleuchten, in denen sich Gefahren für Grundwerte und -normen ergeben. Hier wird ein Bild über die an sich schon heterogene Mitte abgegeben, kaum etwas über die Mitglieder rechtsextremer Gruppen, die an solchen Studien erst gar nicht teilnehmen, weil das Risiko, sich dadurch selbst in Schwierigkeiten zu bringen, zu groß wäre. Für diesen Bereich gibt es in Deutschland andere Forschungsarbeiten. Sehr wohl können wir allerdings einen Teil der Rechtsextremismusforschung in die Analyse einfließen lassen, denn schließlich machen die Befragten Aussagen darüber, wie sehr sie die Ideologien und Affekte des rechten Spektrums (mehr oder minder bewusst) teilen, und wie sie sich selbst gegenüber dem Rechtsextremismus verhalten beziehungsweise ihm gegenüber eingestellt sind.

Die Studie konzentriert sich auf Einstellungen, Überzeugungen und Ideologien mit ihren kognitiven, affektiven und verhaltensbezogenen Facetten. Direkte Hass-Taten oder diskriminierendes Handeln können Umfragen nur äußerst begrenzt erfassen. Die Behauptung allerdings, dass Einstellungen nur Gedanken seien und mit Handlungen nichts zu tun hätten, ist seit vielen Jahren durch die Forschung widerlegt. Es gibt keine einzige Hass-Tat von rechtsextrem orientierten Personen oder Gruppen und auch keine Hass-Reden von »Durchschnittsbürgern« ohne eine menschenfeindliche Einstellung, die dem zugrunde liegt.

Wir müssen auch davor warnen, einzelne Aussagen, die rechtsextreme, menschenfeindliche oder andere Überzeugungen messen, aus dem Kontext der anderen Aussagen, die diese messen herauszulösen und allein an einer einzelnen Aussage Tendenzen abzulesen. Rechtsextreme und menschenfeindliche Orientierungen werden immer durch einen Satz an Zustimmungen zu Aussagen gemessen. Wir versuchen hier also nicht, einzelne Meinungen zu berichten, sondern im besten Falle politische Argumentationsmuster, Schemata gewissermaßen, die Bürger in Bezug auf ihre gesellschaftliche Umwelt haben.

Mit Blick auf die Praxis versuchen wir am Ende, Vorschläge für Konzepte der politischen Bildung zu formulieren. Wir werden allerdings keine einzelnen konkreten politischen, rechtlichen oder sozialen Projekte entwickeln. Durch die Auswertung der Daten können aber Projekte nahegelegt werden, indem zum Beispiel Muster und Ursachen rechtsextremer und menschenfeindlicher Meinungen geprüft werden. Wir würden uns freuen, wenn Praxisprojekte dies aufgriffen und den Bericht in ihre Entwicklungen einbezögen. Als Wissenschaftler_innen und als Autor_innen dieser Studie sagen wir am Ende nicht, was die Gesellschaft tun oder unterlassen soll. Eine kohäsive und integrative Gesellschaft kann das in den Debatten, die Studien wie diese auslösen, selbst am besten.

2 Untersuchungsanlage, Methodik und Stichprobe der Analysen

Eva Groß

Die methodische wie empirische Grundlage der Analysen, die in den folgenden Kapiteln durchgeführt werden, bilden unterschiedliche Daten aus repräsentativen Meinungsumfragen. Insbesondere gehen die Analysen auf eine repräsentative Umfrage im Frühjahr/Sommer 2014 zurück. Die Daten, das Design der Studien sowie die Stichprobe der Erhebung aus dem Jahr 2014 werden hier kurz skizziert, weil dies für alle Beiträge im Buch maßgeblich ist.

2.1 Datengrundlage der Analysen

Für die Analysen werden drei Datensätze und die Ergebnisse aus bereits publizierten Studien herangezogen.

Der erste Datensatz basiert auf einer Umfrage, die in Kooperation mit dem Sozialwissenschaftlichen Umfragezentrum Duisburg (SUZ) zwischen dem 16. Juni und dem 9. August 2014 durchgeführt wurde. Die Daten wurden mittels telefonischer Repräsentativbefragung der deutschsprachigen Wohnbevölkerung ab 16 Jahren mit Hilfe des CATI-Verfahrens (CATI = Computer-Assisted Telephone Interviews, siehe Glossar) erhoben. Es konnten insgesamt 2.008 Bürger befragt werden. Für das telefonische Interview wurde von der Projektgruppe ein standardisierter Fragebogen entwickelt, der eine Messung rechtsextremer Einstellungen in Anlehnung an die bisherigen Mitte-Studien der Friedrich-Ebert-Stiftung beinhaltet.

Zweitens nutzen die Autorinnen und Autoren vorliegende Datensätze der Friedrich-Ebert-Stiftung aus den Mitte-Studien der Jahre von 2006 bis 2012. Die Datensätze der Befragungen zu rechtsextremen Einstellungen vor 2006 lagen uns im Original nicht vor, daher beziehen wir uns für diesen Zeitraum nur auf die publizierten Ergebnisse. In den Befragungen 2006 bis 2012 erfolgte die Stichprobenziehung auf der Grundlage der ADM-Stichprobenbasis (ADM = Arbeitsgemeinschaft Deutscher Meinungsforschungsinstitute). Dabei wurde von USUMA (USUMA ist ein unabhängiges Meinungsforschungsinstitut) das durch die ADM geschaffene Ziehungsprogramm »Easy-Sample« eingesetzt. Es lässt das geschichtete Ziehungsverfahren nach Regionen (zum Beispiel Bundesländer, Regierungsbezirke, Kreise und Gemeinden) zu. In den Regionen werden die Haushalte als sogenannte »Sample-Points« um eine Teilnahme gebeten. Die Auswahl der Haushalte erfolgte nach einem Zufallsprinzip. Die Daten wurden dann über Face-to-Face-Interviews mit Hilfe selbst auszufüllender, standardisierter Fragebögen erhoben. Diese bezogen sich auf Kernelemente des Rechtsextremismus, andere Einstellungsmuster sowie jährlich wechselnde Themenkomplexe, die im Zusammenhang mit Rechtsextremismus stehen. Die Interviewer waren anwesend, als die Probanden den Fragebogen ausfüllten. Zielgruppe war die deutschsprachige Bevölkerung ab 14 Jahren (für eine genauere Beschreibung siehe zum Beispiel Decker, Kiess & Brähler 2012). So konnten seit 2006, ähnlich wie beim CATI-Verfahren in Telefoninterviews, im Zweijahresabstand repräsentative Zufallsstichproben für die bundesdeutsche Bevölkerung ab 14 Jahren erreicht werden. Die Stichproben umfassten je 2.500 Befragte, im Jahr 2006 waren es 5.036 Befragte.

Drittens standen Datensätze des Langzeitprojekts »Gruppenbezogene Menschenfeindlichkeit« (GMF) zur Verfügung. Diese Studie hat das Bielefelder Institut für interdisziplinäre Konflikt- und Gewaltforschung (IKG) in den Jahren 2002 bis 2011 jährlich in Zusammenarbeit mit TNS Infratest erhoben. Hierbei handelt es sich um jährliche Querschnittserhebungen mit je 2.000 (im ersten Jahr 3.000) Befragten. Die Daten wurden ebenfalls über Telefoninterviews (CATI-Verfahren) mit Hilfe eines standardisierten Fragebogens erhoben und gelten somit ebenfalls als repräsentativ für die deutsche Wohnbevölkerung.

Durch die Verbindung der Datensätze kann ein Meinungsbild über einen Zeitraum von 2002 bis 2014 abgebildet werden.

2.2 Methodik

Der hier vorgestellte Bericht basiert primär auf der Befragung im Rahmen des Projektes *Fragile Mitte* am IKG. Es ist als Fortschreibung und Erweiterung der Mitte-Studien angelegt, die von 2006 bis 2012 von der Friedrich-Ebert-Stiftung herausgegeben wurden. Die Daten hat das SUZ an der Universität Duisburg-Essen unter der Leitung von Prof. Dr. Frank Faulbaum zwischen dem 16. Juni 2014 und dem 9. August 2014 erhoben.

Für das telefonische Interview wurde von der Projektgruppe am IKG ein standardisierter Fragebogen entwickelt, der rechtsextreme Einstellungen in Anlehnung an die bisherigen Mitte-Studien der Friedrich-Ebert-Stiftung (2006 bis 2012 in Kooperation mit der Universität Leipzig) enthält. Um das bisherige Konzept zum Rechtsextremismus zu erweitern, beinhaltet der Fragebogen auch Fragen über Vorurteile gegen verschiedene Gruppen in der Bevölkerung, über Einstellungen zum Rechtsextremismus sowie zu Gewaltbefürwortung und Gewaltbilligung. Darüber hinaus umfasst der Fragebogen neben demografischen Informationen zum ökonomischen Status, Alter, Geschlecht und Bildung der Befragten auch Fragen zu Ideologien, politischen Einstellungen, Sichtweisen auf die eigene wirtschaftliche, soziale und politische Lage, Einstellungen zu Europa und zur Demokratie. In der Regel sind die Konstrukte über Fragen erfasst worden, die sich bereits in vorhergehenden Studien bewährt hatten. Um den Fragebogen dennoch zu testen, hat das SUZ vorab einen »Pretest« mit 20 Befragten durchgeführt. Der Fragebogen als Ganzes, wie auch die einzelnen Items, wurden darin auf Qualität, Verständlichkeit, Akzeptanz und statistische Eignung überprüft. Auf dieser Grundlage ließ sich das Instrument optimieren, um bei der Hauptstudie eine größtmögliche Validität (➠ siehe Glossar) und Reliabilität (➠ siehe Glossar) der erhobenen Daten zu erzielen. Die Interviews mit dem fertigen Fragebogen für die Hauptstudie dauerten im Durchschnitt 25,7 Minuten.

Die Daten für die Hauptuntersuchung wurden mittels einer telefonisch durchgeführten Repräsentativbefragung unter der deutschsprachigen Wohnbevölkerung der Bundesrepublik ab 16 Jahren erhoben. Die hohe Qualität und Repräsentativität der Daten wurden durch das CATI-Verfahren in zwei Schritten sichergestellt: In der *ersten Stufe* erfolgt eine Auswahl der Privathaushalte mit

Telefonanschluss. In der *zweiten Stufe* erfolgt die Auswahl der Zielperson im Haushalt. Dies geschieht mit der sogenannten *Last-Birthday-Methode.* Dabei wird diejenige Zielperson befragt, die zuletzt Geburtstag hatte. In der vorliegenden Befragung war eine Zufallsstichprobe[4] vorgesehen. Das einzige in Deutschland anwendbare Verfahren, das diese Merkmale aufweist, ist das bei GESIS-ZUMA entwickelte Verfahren von Gabler und Häder (1997), das – mathematisch begründbar – eine reine Zufallsauswahl von Privathaushalten mit Telefonanschlüssen unter Berücksichtigung der im Telefonbuch nicht eingetragenen Haushalte gestattet. Die Berücksichtigung einer Mobilfunkstichprobe stellte die Repräsentativität der Daten zusätzlich sicher. Der endgültige Datensatz wurde zudem mit einem kombinierten Faktor aus Alter und Bildung gewichtet, um die Repräsentativität der Daten für die Grundgesamtheit in einem letzten Schritt weiter zu verbessern.

Die telefonische Befragung führten erfahrene Interviewerinnen und Interviewer durch, die für dieses Projekt eigens geschult wurden. Die Befragten konnten für jedes Item angeben, wie sehr sie der Aussage zustimmen. Sie konnten dafür, wenn nicht anders angegeben, aus vier Antwortkategorien wählen (1 »stimme überhaupt nicht zu«, 2 »stimme eher nicht zu«, 3 »stimme eher zu« oder 4 »stimme voll und ganz zu«), beziehungsweise fünf (1 »trifft überhaupt nicht zu« bis 5 »trifft voll und ganz zu«). Die Mischung der Antwortskalen in unserem Fragebogen erfolgte aus einem besonderen Grund: Die unterschiedlichen Antwortformate sollen eine Vergleichbarkeit der Messungen sicherstellen, einerseits mit den vorhergehenden Mitte-Studien und andererseits mit den früheren Erhebungen zur Gruppenbezogenen Menschenfeindlichkeit. Der Vorteil des fünfstufigen Antwortformats liegt darin, dass von einem gleichen Abstand zwischen den Antwortkategorien ausgegangen und damit die Skala als quasi-metrisch (Glossar) eingeschätzt werden kann. Nachteilig ist, dass die Mitte, also Kategorie 3, nicht eindeutig interpretierbar ist und auch dann, wenn sie als teils/teils-Antwort eingestuft wurde, eine versteckte Zustimmung zu den Aussagen beinhalten kann, weil den Befragten möglicherweise bewusst war, dass entsprechen-

4 Eine Zufallsauswahl ist durch die Vollständigkeit der Auswahlgrundlage, die Kenntnis der Auswahlwahrscheinlichkeiten der Stichproben sowie Inklusionswahrscheinlichkeiten größer als Null für die Inklusion von Untersuchungseinheiten in eine Stichprobe gekennzeichnet.

de Aussagen unerwünscht sind. Der Vorteil des vierstufigen Antwortformats liegt darin, dass es keine unklare Kategorie in der Mitte der Skala gibt. In der Regel gibt es aber beim vierstufigen Antwortformat mehr Zustimmung zu denselben Fragen als bei einer fünfstufigen Erhebung, zumal bei den fünfstufigen Formaten von den Befragten gerne die Mitte-Kategorie gewählt wird, die nicht eindeutig als Zustimmung gewertet werden kann. Decker et al. (2008) konnten in einer Gruppendiskussionsuntersuchung aber zeigen, dass die Befragten, die bei der fünfstufigen Messung die Mitte Kategorie (teils/teils) wählten, dazu tendierten, den Aussagen zur Fremdenfeindlichkeit zuzustimmen. Die Zustimmung (bei der fünfstufigen Messung Kategorie 4 und 5) fällt daher beim fünfstufigen Antwortformat im Vergleich zur vierstufigen Skala in der Regel geringer aus, zumal die Zustimmung, die in den Antworten auf der Mitte-Kategorie erfahrungsgemäß mitschwingt, beim fünfstufigen Format nicht mitgezählt werden kann. Diesen Unterschied darf man bei den Auswertungen der prozentualen Zustimmung zu Fragen, die mit unterschiedlichen Antwortformaten gestellt wurden, nicht vergessen.

Die Interviewenden wiesen die Befragten auf deren datenschutzrechtlich gewährleistete Anonymität und den wissenschaftlichen Charakter der Umfrage hin.

Nach Abschluss der Feldphase lagen insgesamt 2.008 realisierte Interviews vor, wobei 942 (46,9 %) Interviews mit männlichen Teilnehmern und 1.063 (52,9 %) mit weiblichen Teilnehmerinnen durchgeführt wurden. In die Berechnungen flossen nur deutsche Staatsbürger ein (n = 1.915). Im Rahmen der Befragung wurden die Befragten zufällig einer von zwei Gruppen (2 Splits) zugeordnet, die jeweils unterschiedliche Fragen vorgelegt bekamen. Durch die zufällige Zuordnung der Befragten zu den beiden Splits können diese ebenfalls als repräsentativ betrachtet werden.

Die Kontrolle und die Aufbereitung der Daten wurde vom Projektteam am IKG in Zusammenarbeit mit dem SUZ vorgenommen. Die einzelnen Aussagen zu den unterschiedlichen Einstellungskomponenten (zum Beispiel Sozialdarwinismus, Antisemitismus, etc.) wurden nach statistischer Überprüfung jeweils zu einer Mittelwertskala (➠ siehe Glossar) zusammengefasst. Nur die Dimensionen der rechtsextremen Einstellungen sind in Anlehnung an frühere Mitte-Studien über Summenindizes (➠ siehe Glossar) gebildet worden. In der quantitativen Analyse werden Skalen gebildet, da sie zuverlässigere Informationen bieten als einzelne Aussagen. Durch die Zusammenfassung der Aussagen können Einflüsse zufälliger Fehler oder individueller Missverständnisse bei einzelnen Aussagen ausgeglichen werden. In den übrigen Analysen wurden für die Fragestellungen angemessene statistische Verfahren angewendet.

2.3 Stichprobe

Soziodemografische Beschreibung der gewichteten Stichprobe (kombiniertes Gewicht aus Alter und Bildung, nur deutsche Staatsangehörige, 16–95 Jahre)
(Angaben absolut und in Prozent) **Tabelle 2.3**

Alter	Mittelwert: 49,86 Standardabweichung: 18,72	Gesamtgruppe (n = 1.915)	
		absolut	in gültigen %
Altersgruppen	bis 24 Jahre	214	11,3
	25–34 Jahre	255	13,5
	35–44 Jahre	247	13,1
	45–54 Jahre	376	20
	55–64 Jahre	323	17,1
	65–74 Jahre	256	13,6
	ab 75 Jahre	214	11,4
Geschlecht	männlich	905	47,3
	weiblich	1.007	52,6
Familienstand	verheiratet/zusammenlebend	871	45,9
	verheiratet/getrennt lebend	26	1,4
	ledig	630	33,2
	geschieden	189	10
	verwitwet	162	8,5
	eingetragene Lebenspartnerschaft/ zusammenlebend	16	0,9

Alter	Mittelwert: 49,86 Standardabweichung: 18,72	Gesamtgruppe (n = 1.915)	
		absolut	in gültigen %
Familienstand (Forts.)	eingetragene Lebenspartnerschaft/ getrennt lebend	4	0,2
Partnerschaft	ja (leben mit Partner)	1.224	64,4
	nein (leben ohne Partner)	677	35,6
Schulabschluss	ohne Abschluss	30	1,6
	Hauptschulabschluss/8. Klasse	729	38,6
	Mittlere Reife/Realschule	488	25,8
	POS 10. Klasse	76	4
	Abitur/o. abgeschl. Studium	232	12,2
	abgeschl. Hoch-/FH-Studium	290	15,3
	Schüler/in einer allg. Schule	44	2,3
Berufstätigkeit	Vollzeit mit > 35 h/Woche	806	43,5
	Teilzeit mit 15–35 h/Woche	201	10,8
	Teilzeit mit < 15 h/Woche	38	2,1
	Mutterschutz-/Erziehungsurlaub	36	2
	gelegentlich/unregelmäßig beschäftigt	13	0,7
	Altersteilzeit	37	2
	in Ausbildung/Praktikum	63	3,4
	nicht erwerbstätig	657	35,5
	Rentner	508	26,5
	Hausfrau/-mann	236	12,3
	Student/-in	72	3,7
	arbeitslos bzw. arbeitssuchend	55	2,9
	in Umschulung	9	0,8
Haushaltseinkommen	Armutsgefährdete Menschen (< 60 % des Medians des Äquivalenzeinkommens)	289	18,8

Alter	Mittelwert: 49,86 Standardabweichung: 18,72	Gesamtgruppe (n = 1.915)	
		absolut	in gültigen %
Haushalts-einkommen (Forts.)	Mittelschicht (60 % bis < 200 % des Medians des Äquivalenzeinkommens)	1.161	75,5
	Einkommensreiche Menschen (> = 200 % des Medians des Äquivalenzeinkommens)	87	5,7
Kirchen-zugehörigkeit	nein	547	28,6
	ja	1367	71,4
Ostdeutsche	Überwiegend in Ost aufgewachsen	385	20,6
Westdeutsche	Überwiegend in West aufgewachsen	1483	79,4

3 Rechtsextreme Einstellungen in einer fragilen Mitte

Andreas Zick, Anna Klein

Der Rechtsextremismus hat sich spätestens nach Bekanntwerden der terroristischen Taten des sogenannten Nationalsozialistischen Untergrundes (NSU) und der Weise, wie Behörden, Kommunen, aber auch Bürger damit umgegangen sind, in die bundesdeutsche Nachkriegsgeschichte eingeschrieben. Bei Fertigstellung dieses Buches wurde der Bericht des Untersuchungsausschusses 5/1 »Rechtsterrorismus und Behördenhandeln« des Thüringer Landtages veröffentlicht. Dieser Bericht, wie viele andere, offenbart, dass die Bildung einer radikalen Terrorgruppe nicht nur möglich war, weil die Täter in einem rechtsextremen Milieu sozialisiert und später durch das Milieu geschützt worden sind, sondern auch, weil Behörden schwerwiegend versagt oder sogar aktiv die Milieus finanziell und ideologisch unterstützt haben. Die Geschichte des Rechtsextremismus ist außerdem geprägt von einer breiten gesellschaftlichen Ignoranz, einer Unfähigkeit zu reagieren, wie auch einer indirekten Unterstützung von Milieus, in denen Gruppenbezogene Menschenfeindlichkeit und rechtsextreme Überzeugungen akzeptiert werden. Dort, wo die Gruppenbezogene Menschenfeindlichkeit besonders stark ist, dort, wo es Überschneidungen zwischen den Überzeugungen rechtsextremer Milieus und der Bevölkerung, insbesondere der gesellschaftlichen Mitte, gibt und/oder Bürger den Rechtsextremismus nicht wahrnehmen oder ihm – aus welchen Gründen auch immer – nicht entgegenwirken möchten, ist die Gefahr des Rechtsextremismus am größten. Dann erodieren Normen der Gleichwertigkeit, brechen demokratische Regeln und wird Zivilcourage blockiert (Zick & Hövermann 2013). Diese Beobachtung ist das wesentliche Motiv der Studie, die wir hier vorlegen. Eine demokratisch verfasste Gesellschaft, wie die der Bundesrepublik Deutschland, muss die Frage nach Gruppenbezogener Menschenfeindlichkeit und rechtsextremen Überzeugungen in all ihren Nischen und Ecken, aber auch in ihrer Mitte stellen. Würde die Frage nur auf radikale Milieus beschränkt, wäre das wissenschaftlich irreführend, weil kein radikales Milieu sich ohne ein es akzeptierendes Umfeld so lange aufrechterhalten kann. Dabei muss der Blick gar nicht eng auf gewalt- oder terroraffine Gruppen gerichtet sein.

In den meisten europäischen Ländern konnten rechtsextreme und rechtspopulistische Parteien bei der jüngsten Europawahl beachtliche Wahlerfolge erzielen, in einigen Ländern sind sie sogar stärkste politische Kraft geworden. In Deutschland spielen rechtsextreme Parteien derzeit nur eine marginale Rolle. Der Rechtsextremismus ist nichtsdestoweniger in diversen größeren und kleinen Aktionsgruppen gut organisiert, zu denen auch moderne Erscheinungsformen wie die Autonomen Nationalisten gehören. Er äußert sich für Bürger wahrnehmbar im Alltag vor allem durch Ansammlungen, Aufmärsche, Propaganda sowie in Gestalt verbaler und physischer Gewalt gegenüber verschiedenen Gruppen.

Durch den NSU und sein Milieu wurde besonders deutlich, wie die rechtsextreme Ideologie zu kaltblütigen Morden führt. Statistiken zeigen, dass rechtsextrem motivierte gewalttätige Übergriffe in allen Bundesländern keine Seltenheit sind.[5] Noch sehr viel häufiger aber kommt es zu Alltagsdiskriminierungen, in denen sich eine menschenfeindliche Haltung und somit eine Nähe zum rechtsextremen Weltbild ausdrückt. Solche Alltagsdiskriminierungen zeigen sich teilweise in offen schädigendem Verhalten, wie zum Beispiel Beleidigungen oder Zugangsverboten. Häufig sind sie aber auch subtil und äußern sich zum Beispiel durch die Bevorzugung von anderen oder durch Ignoranz oder dadurch, dass man jeden Kontakt zu einer Gruppe, gegen die Vorurteile bestehen, vermeidet (Dovidio & Hebl 2005: 17; Whiteley & Kite 2010: 13). Aus Sicht der Opfer

5 Die genauen Zahlen sind umstritten, je nachdem, welche Berechnungsgrundlage herangezogen wird und welche Taten als »rechtsextrem motiviert« gelten. Laut Bundesministerium des Innern im Verfassungsschutzbericht 2013 kam es im Jahr 2013 z. B. bundesweit zu 801 Gewalttaten mit rechtsextremistisch motiviertem Hintergrund. Andere Statistiken weisen jedoch andere Zahlen, insbesondere weit mehr Tötungsdelikte mit rechtsextremem Hintergrund aus (z. B. Zeit online 2013, Mut gegen rechte Gewalt 2012). Infolge der Überprüfung der Vorwürfe gegenüber den zuständigen Behörden im Zuge der Aufdeckung des NSU sollen nun 746 Fälle (versuchter) Tötung mit Blick auf ein rechtsextremes Motiv neu bewertet werden (Tagesspiegel 2013).

unterscheiden sich rechtsextreme Diskriminierungen dann kaum noch von Handlungen, die ein weniger stark ideologisches Motiv haben.

Zu einer rechtsextremen Einstellung gehören nach Decker/Brähler (2006), die der Definition eines Konsensteams an Wissenschaftlern folgen, sechs Dimensionen: die Befürwortung einer rechtsautoritären Diktatur, Chauvinismus, Verharmlosung des Nationalsozialismus sowie antisemitische, ausländerfeindliche und sozialdarwinistische Einstellungen (ebd.: 20/21). Unter der *Befürwortung einer rechtsautoritären Diktatur* sind demnach Vorstellungen von einer homogenen Gesellschaft zu verstehen, deren einheitliches Interesse mit einer starken Hand durchgesetzt werden müsse. Die *Verharmlosung des Nationalsozialismus* ist im Kern gekennzeichnet durch das Leugnen der antidemokratischen und verbrecherischen Verfasstheit Nazideutschlands, indem die angeblich »guten Seiten« des Regimes hervorgehoben werden. Unter *Chauvinismus* wird ein Nationalismus verstanden, der mit der Forderung, deutsche Interessen »entschieden« nach Außen durchzusetzen, einhergeht. *Ausländerfeindliche Einstellungen*[6] beinhalten Ressentiments gegenüber Migrantinnen und Migranten. *Antisemitismus* zeigt sich in der »Vorstellung von einer rassischen Unterscheidbarkeit von Minderheiten, verbunden mit dem Ressentiment ihrer Minderwertigkeit und der von ihr ausgehenden Bedrohlichkeit« (Decker & Brähler 2006: 39). *Sozialdarwinismus* bezeichnet schließlich die Übertragung biologischer Theorien in den Bereich des gesellschaftlichen Zusammenlebens, verbunden mit der Idee, dass der Stärkere sich durchsetzen müsse und der Schwächere weniger wert sei (siehe Decker & Brähler 2006: 36 ff.).

Diese sechs Einstellungsdimensionen wurden seit dem Jahr 2002 in einem zweijährigen Rhythmus empirisch erfasst, so dass sich die Entwicklung rechtsextremer Einstellungsmuster in der bundesdeutschen Bevölkerung ermitteln

6 Im Zusammenhang mit gruppenbezogener Menschenfeindlichkeit sprechen wir hingegen von Fremdenfeindlichkeit und meinen damit weniger die Abwertung von Menschen mit tatsächlichem Migrationshintergrund, sondern vielmehr die Konstruktion von Fremden, die sich eher an der wahrgenommenen kulturellen Ähnlichkeit und der zugestandenen Zugehörigkeit verschiedener Gruppen bemisst. So sind etwa aus den USA eingewanderte Personen weniger von Fremdenfeindlichkeit betroffen und werden auch gar nicht mit dem Begriff »Ausländer« assoziiert, währen Migranten aus der Türkei sehr häufig als Ausländer betrachtet werden (Asbrock et al. 2009) und entsprechend mit Fremdenfeindlichkeit rechnen müssen. Zur Kritik an beiden Begrifflichkeiten vgl. Butterwegge 2002.

lässt. Wir folgen in diesem Kapitel der Erhebung rechtsextremer Einstellungen, wie sie bei Decker/Brähler (2006) beschrieben und auch in den darauffolgenden Mitte-Studien eingesetzt wurde.

In diesem Beitrag beschreiben wir zunächst die Verbreitung rechtsextremer Einstellungen in Deutschland. Dabei blicken wir auf die Gesamtbevölkerung und in verschiedene Teilgruppen der Gesellschaft, insbesondere in die »Mitte« (➠ siehe Kap. 3.1). Anschließend interessiert uns die Entwicklung des Rechtsextremismus seit der letzten Erhebung im Jahr 2012 (Decker, Kiess & Brähler 2012) (➠ siehe Kap. 3.2). Wir widmen uns dann der Frage, wie sehr rechtsextreme Einstellungen auch mit der Bereitschaft für rechtsextreme Verhaltensweisen wie Gewaltbereitschaft und der Wahl rechtsextremer Parteien zusammenhängen (➠ siehe Kap. 3.3). Schließlich betrachten wir die Wahrnehmung des Rechtsextremismus in der Bevölkerung (➠ siehe Kap. 3.4). Wird der Rechtsextremismus als Problem wahrgenommen? Was sind die geeigneten Strategien, damit umzugehen und wer ist dafür verantwortlich?

3.1 Verbreitung rechtsextremer Einstellungen

Im Folgenden berichten wir über die Verbreitung rechtsextremer Einstellungen in der deutschen Bevölkerung im Jahr 2014. Dabei blicken wir zunächst auf die Zustimmung und Ablehnung der einzelnen Aussagen, mit denen rechtsextreme Einstellungsmuster erhoben wurden. In Tabelle 3.1.1 ist zu sehen, dass Aussagen, die zum rechtsextremen Weltbild gehören, teilweise breite Zustimmung erfahren (➠ siehe Tab. 3.1.1, S. 36 f.).

So erhalten einige Aussagen eine Zustimmung von fast 23 % der Befragten, etwa die Aussage: »Was Deutschland jetzt braucht ist eine einzige starke Partei, die die Volksgemeinschaft insgesamt verkörpert.« Und immerhin 11 % meinen: »Wir sollten einen Führer haben, der Deutschland zum Wohle aller mit starker Hand regiert.« Der Aussage: »Wir sollten endlich wieder Mut zu einem starken Nationalgefühl haben«, stimmen 36 % der Befragten zu. Ausländerfeindliche Einstellungen werden zwar von einer Mehrheit abgelehnt, dennoch sind 18 % der Befragten der Meinung: »Die Bundesrepublik ist durch die vielen Ausländer in einem gefährlichen Maß überfremdet.« Weitere 20 % sind unentschlossen und lehnen diese Aussage zumindest nicht ab.

Rechtsextremismusfragebogen
(Angaben in Prozent) **Tabelle 3.1.1**

Im nationalen Interesse ist unter bestimmten Umständen eine Diktatur die bessere Staatsform
Ohne Judenvernichtung würde man Hitler heute als großen Staatsmann ansehen.
Was Deutschland jetzt braucht ist eine einzige starke Partei, die die Volksgemeinschaft insgesamt verkörpert.
Wir sollten einen Führer haben, der Deutschland zum Wohle aller mit starker Hand regiert.
Wie in der Natur sollte sich in der Gesellschaft immer der Stärkere durchsetzen
Die Ausländer kommen nur hierher, um unseren Sozialstaat auszunutzen.
Auch heute noch ist der Einfluss der Juden zu groß.
Wir sollten endlich wieder Mut zu einem starken Nationalgefühl haben
Eigentlich sind die Deutschen anderen Völkern von Natur aus überlegen.
Wenn Arbeitsplätze knapp werden, sollte man die Ausländer wieder in ihre Heimat zurückschicken.
Die Verbrechen des Nationalsozialismus sind in der Geschichtsschreibung weit übertrieben worden
Was unser Land heute braucht, ist ein hartes und energisches Durchsetzen deutscher Interessen gegenüber dem Ausland
Die Juden arbeiten mehr als andere Menschen mit üblen Tricks, um das zu erreichen was sie wollen.
Das oberste Ziel der deutschen Politik sollte es sein, Deutschland die Macht und Geltung zu verschaffen, die ihm zusteht.
Es gibt wertvolles und unwertes Leben
Die Bundesrepublik ist durch die vielen Ausländer in einem gefährlichem Maß überfremdet.
die Juden haben einfach etwas Besonderes und Eigentümliches an sich und passen nicht so recht zu uns.
Der Nationalsozialismus hatte auch seine guten Seiten.

Rechtsextreme Einstellungen sind in verschiedenen Teilgruppen der Gesellschaft unterschiedlich stark verbreitet. In den folgenden Abbildungen berichten wir über die durchschnittliche Zustimmung zu den sechs Dimensionen des rechts-

Rechtsextremismusfragebogen
(Angaben in Prozent)

Tabelle 3.1.1

Lehne ich völlig ab	Lehne ich überwiegend ab	Stimme teils zu/stimme teils nicht zu	stimme ich überwiegend zu	stimme ich voll und ganz zu
72	9,1	12,4	3,9	2,5
71,5	10,3	10,1	5,2	2,9
51,4	11,1	15	10,2	12,3
72,3	9,1	7,3	5,9	5,5
63,2	16,5	13,3	4,4	2,6
31,7	20,3	30,6	10	7,4
60,9	18,4	12,1	4,7	3,9
24,9	13,4	25,8	19	16,9
67,4	12,3	11,9	5,6	2,8
61,2	15,2	14	5,6	3,9
68,1	13,5	11,4	4,8	2,3
38,1	20,3	24,6	7,6	9,4
67,3	14,4	11,6	3,8	2,9
41,4	18,2	21,6	10,3	8,5
76,5	5,5	9,7	3,7	4,5
43,3	19,5	19,6	9	8,7
69,2	14,7	10,7	3,1	2,4
60,6	12,6	16,7	6,5	3,6

extremen Meinungsbilds.[7] Wir vergleichen die Ausprägung der Dimensionen

7 Dabei ist die Zustimmung zu einer Dimension dann gegeben, wenn eine Person mindestens einen Wert von 12 erreicht, wobei der Maximalwert bei 15 liegt. Dies entspricht einem Mittelwert von 4.

des rechtsextremen Meinungsbilds in Ost- und Westdeutschland sowie nach verschiedenen Altersgruppen und Geschlecht.

In Tabelle 3.1.2 ist deutlich zu sehen, dass rechtsextreme Einstellungen nach wie vor bei Personen, die in Ostdeutschland aufgewachsen sind, häufiger sind. Dies gilt für alle Dimensionen mit Ausnahme der Verharmlosung des Nationalsozialismus. Die größten Unterschiede bestehen bei der Ausländerfeindlichkeit. Eine Ursache für diesen Befund könnte darin liegen, dass im Osten Deutschlands der Ausländeranteil an der Gesamtbevölkerung wesentlich geringer ist und daher weniger Möglichkeiten für interkulturelle Kontakte bestehen (Wolf, Wagner & Christ 2005). Ein weiterer Grund wird in der subjektiven Benachteiligung gesehen, die viele Ostdeutsche wahrnehmen (Klein, Küpper & Zick 2009). Wenngleich sich diese Unterschiede zwischen Ost- und Westdeutschen immer wieder zeigen lassen, muss bedacht werden, dass die Differenzen zwischen anderen Regionen, etwa Bundesländern (Decker & Brähler 2008) oder wirtschaftlich abwärtsdriftenden und wirtschaftlich aufwärtsstrebenden Regionen (Hüpping & Reinecke 2007), größer sind, als die Ost-West-Differenzen.

Zustimmung zu den Dimensionen rechtsextremer Einstellungen bei Ost- und Westdeutschen (Angaben in Prozent)

Tabelle 3.1.2

	Gesamt	West (n = 1.483)	Ost (n = 385)
Befürwortung Diktatur	4,1	4	4,9
Chauvinismus	12,1	11,8	13,3
Ausländerfeindlichkeit	7,5	6,8	10,6
Antisemitismus	3,2	2,9	4,3
Sozialdarwinismus	1,9	1,2	3,8
Verharmlosung des Nationalsozialismus	1,8	1,7	1,8

Mit Blick auf die Zustimmung zum Rechtsextremismus nach Geschlecht finden sich hingegen kaum größere Unterscheide (➠ siehe Tab. 3.1.3). Einzig die Ausländerfeindlichkeit ist unter Frauen häufiger (siehe bereits Küpper & Heitmeyer 2005). Dass Männer signifikant (➠ siehe Glossar) höhere Zustimmungswerte aufweisen, wie es Decker/Kiess/Brähler (2014) in Bezug auf Chauvinismus berichten, können wir nicht bestätigen.

Zustimmung zu den Dimensionen rechtsextremer Einstellungen bei Männern und Frauen (Angaben in Prozent) **Tabelle 3.1.3**

	Männer (n = 905)	Frauen (n = 1.007)
Befürwortung Diktatur	4,3	3,9
Chauvinismus	11,8	12,4
Ausländerfeindlichkeit	5,8	9
Antisemitismus	2,8	3,6
Sozialdarwinismus	1,3	2,4
Verharmlosung des Nationalsozialismus	1,9	1,7

Die Verteilung rechtsextremer Einstellungen nach Altersgruppen zeigt ein erschreckendes Bild (➠ siehe Tab. 3.1.4, S. 40). Personen im mittleren Alter stimmen rechtsextremen Einstellungen am seltensten zu; Befragte über 60 Jahre zeigen bei den meisten Dimensionen die höchste Zustimmung. Die Gruppe der jüngeren Befragten teilt rechtsextreme Einstellungen jedoch fast ebenso häufig wie Befragte über 60 Jahre. Eine Befürwortung der Diktatur finden wir bei den 16- bis 30-Jährigen sogar am häufigsten, auch die Verharmlosung des Nationalsozialismus kommt in dieser Altersgruppe am häufigsten vor. Diese höheren Zustimmungswerte gehen nicht nur auf die jüngeren Befragten aus Ostdeutschland zurück, sondern sind ebenso bei Westdeutschen Jugendlichen zu finden. Einschränkend ist allerdings zu bedenken, dass absolut gesehen nur ein sehr kleiner Prozentsatz der 16- bis 30-Jährigen diese Einstellungen teilt (➠ siehe Tab. 3.1.4, S. 40).

Eine unterschiedliche Verbreitung rechtsextremer Einstellungen finden wir auch in Abhängigkeit des formalen Bildungsniveaus und des Erwerbsstatus (ohne Tab.). So teilen höher gebildete Befragte mit Abitur seltener rechtsextreme Einstellungen. Der Erwerbsstatus steht hingeben in einem weniger eindeutigen Zusammenhang mit rechtsextremen Einstellungen. Ausländerfeindliche Einstel-

Zustimmung zu den Dimensionen rechtsextremer Einstellungen in verschiedenen Altersgruppen (Angaben in Prozent)

Tabelle 3.1.4

	16–30 (n = 379)	**31–60** (n = 905)	**> 60** (n = 601)
Befürwortung Diktatur	4,9	3,7	4,2
Chauvinismus	14,7	9	15,3
Ausländerfeindlichkeit	8,3	5,9	9,3
Antisemitismus	2,9	2,4	4,8
Sozialdarwinismus	1,1	1,2	3,6
Verharmlosung des Nationalsozialismus	3,5	0,9	2,2

lungen sind bei arbeitslosen Personen am stärksten ausgeprägt, während Rentner und Hausfrauen beziehungsweise Hausmänner die höchsten Werte beim Chauvinismus und beim Antisemitismus erzielen. Es deutet sich also an, dass einerseits Deprivationserfahrungen eine Rolle spielen können, anderseits aber auch Besitzstandswahrung ein wichtiges Motiv für die Abwertung anderer darstellen kann.

Inwieweit unterstützen die Daten die These vom Rechtsextremismus in der Mitte der Gesellschaft, also die Annahme, dass Einstellungen, die rechtsextreme Milieus charakterisieren, auch in der Bevölkerung geteilt werden? Zunächst ist auch für die repräsentative Umfrage im Jahr 2014 festzuhalten, dass einige rechtsextreme Einstellungen tatsächlich breite Zustimmung erfahren. Zwar ist es nicht die Mehrheit der Befragten, die zustimmt, aber einige Aussagen werden nur von einer knappen Mehrheit abgelehnt. Dies bestätigt, wie sehr Bestandteile der rechtsextremen Ideologie bis in die Mitte der Gesellschaft hineinreichen. »Mitte« bedeutet in diesem Sinne Mehrheit.

Was die Mitte der Gesellschaft ist und wer sich der Mitte zugehörig fühlt, kann jedoch unterschiedlich beschrieben werden. In der sozialwissenschaftlichen Literatur wird zuweilen auch von einer sozioökonomischen Mitte beziehungsweise einer »Mittelschicht« und von einer politischen Mitte gesprochen (siehe Zick & Küpper 2006; Klein & Groß 2012). Diesen Konzeptionen der Mitte der Gesellschaft wollen wir hier weiter nachgehen.

Zur Mittelschicht zählen demnach Personen, die mit Blick auf den sozioökonomischen Status eine mittlere Position einnehmen. Die politische Mitte ergibt sich durch die Abgrenzung zum linken und zum rechten politischen Spektrum und ist eine Selbstpositionierung der Befragten, die sich weder als politisch rechts noch als politisch links verorten. Von Interesse ist nun, wie weit rechtsextreme Einstellungen in der sozioökonomischen und in der politischen Mitte verbreitet sind. Oftmals wird der Rechtsextremismus mit sozioökonomischer Benachteiligung in Verbindung gebracht. Noch häufiger wird er als ein Problem verstanden, dass nur am rechten politischen Rand zu finden sei.

In Tabelle 3.1.5 und 3.1.6 (➠ siehe S. 42 u. 43) ist zu sehen, dass beides nicht zutrifft. Um zu analysieren, wie verbreitet rechtsextreme Einstellungen in der sozioökonomischen Mitte sind, ist die sogenannte Oben-Unten-Skala verwendet worden. Die Befragten wurden instruiert, sich selbst nach dem Hinweis »In unserer Gesellschaft gibt es Bevölkerungsgruppen, die eher oben stehen und solche, die eher unten stehen« auf einer Skala von eins bis zehn einzuordnen. Personen, die auf dieser Skala Werte von eins bis drei angeben, wurden als Gruppe, die sich in der unteren Schicht verorten, zusammengefasst. Personen, die sich selbst bei Werten von acht bis zehn sehen, wurden als Personen, die sich in der oberen Schicht verorten, eingeordnet. Alle anderen Personen, die sich also zwischen vier und sieben einordnen, verorten sich in der Mitte. Tabelle 3.1.5 zeigt, dass sich mehr als Dreiviertel der Befragten der Mitte zurechnen; diese Tendenz, sich subjektiv zur Mitte zu zählen, ist ein üblicher Befund.

Die Zustimmung zum Rechtsextremismus ist in dieser Mitte am geringsten. Bei Befragten, die sich selbst eher unten verorten, ist die Zustimmung zu allen Dimensionen des rechtsextremen Weltbildes höher, einzig beim Sozialdarwinismus sind die Werte in allen Gruppen gleichermaßen gering. Auffällig ist aber, dass Personen, die sich selbst oben sehen, ebenfalls wesentlich höhere Zustimmungswerte zu einigen Dimensionen des Rechtsextremismus haben, als Personen, die sich in der Mitte sehen. Dies trifft besonders für chauvinistische Einstellungen zu, zeigt sich aber auch bei der Verharmlosung des Nationalsozialismus und bei der Befürwortung einer Diktatur (➠ siehe Tab. 3.1.5, S. 42).

Zustimmung zu den Dimensionen rechtsextremer Einstellungen nach sozioökonomischer Selbstverortung (Angaben in Prozent) **Tabelle 3.1.5**

	Unten (N = 140)	Mitte (n = 1.609)	Oben (n = 159)
Befürwortung Diktatur	6,4	3,8	5,7
Chauvinismus	25,7	10,4	17,8
Ausländerfeindlichkeit	24,7	5,7	8,8
Antisemitismus	8,9	2,8	2,2
Sozialdarwinismus	1,9	1,9	1,2
Verharmlosung des Nationalsozialismus	3,1	1,6	2,8

Insgesamt legen die Befunde nahe, dass die zunehmende soziale Spaltung, die mit einer schrumpfenden Mittelschicht einhergeht (siehe Goebel et al. 2010) eine Gefahr für die Demokratie darstellen kann. Eine stabile sozioökonomische Mitte ist die Basis für einen demokratischen Grundkonsens. Wenn Prekarisierung auf der einen und wachsender Reichtum einiger Weniger auf der anderen Seite die sozioökonomische Mitte aufzehren, sind demokratische Grundorientierungen gefährdet.

In Bezug auf die politische Mitte richtet sich die Analyse rechtsextremer Einstellungen auf die politische Selbsteinstufung der Befragten. Um diese zu ermitteln, wurden die Befragten gebeten anzugeben, ob sie sich politisch links, eher links, genau in der Mitte, eher rechts oder rechts einordnen würden. Da nur wenige Befragte in der Umfrage angeben, ganz links oder ganz rechts zu stehen und deshalb die Fallzahl in diesen Kategorien gering ist, wurden die Kategorien links und eher links (etwa 25 % der Befragten) sowie rechts und eher rechts (etwa 15 % der Befragten) zusammengefasst. Der politischen Mitte ordnen sich um die 60 % der Befragten zu. Auch dies ist ein üblicher Befund.

Mit Blick auf die politische Mitte wird zunächst deutlich, dass diese Mitte geringere Zustimmungswerte im Vergleich zu jenen Befragten aufweist, die sich »rechts« verorten. Auch bei Befragten, die sich in der politischen Mitte verorten, ist jedoch ein erhebliches Ausmaß an Zustimmung zu rechtsextremen Einstellungen zu verzeichnen. Personen, die sich in der politischen Mitte verorten, sind also nicht automatisch gefestigte Demokraten. Der demokratische Konsens in der Mitte der Gesellschaft ist somit fragil und keinesfalls auf Dauer garantiert. Dies wird durch die Wahlergebnisse der Europawahl besonders deutlich.

Zustimmung zu den Dimensionen rechtsextremer Einstellungen nach politischer Selbstverortung (Angaben in Prozent) **Tabelle 3.1.6**

	Rechts (rechts, eher rechts; n = 245)	Mitte (n = 1.107)	Links ((links, eher links; n = 470)
Befürwortung Diktatur	7,1	4,2	2,1
Chauvinismus	29,5	12	3,6
Ausländerfeindlichkeit	17,9	6,2	2,7
Antisemitismus	5,6	3,8	1
Sozialdarwinismus	3,8	2,2	0,4
Verharmlosung des Nationalsozialismus	6,5	1,3	0

3.2 Entwicklungen rechtsextremer Einstellungen seit 2002

Verändern sich die rechtsextremen Einstellungen mit der Zeit? Diese Frage prägt die vorliegende Untersuchungsreihe in besonderem Maße, da außer ihr kein Monitoring rechtsextremer Einstellungen in der Bevölkerung existiert. Mit dem Bestand der bisher ermittelten Daten (➠ siehe Kap. 2) lässt sich die Entwicklung rechtsextremer Einstellungen zwischen 2002 und 2014 nachzeichnen. Bei der Darstellung der Trends beziehen wir uns dabei auf die bei Decker/Kiess/Brähler (2012) publizierten Werte und sowie die uns vorliegenden Daten der Jahre 2006 bis 2014. In Übereinstimmung mit Decker/Kiess/Brähler 2014 ist festzustellen, dass rechtsextreme Einstellungen insgesamt zurückgegangen sind (➠ siehe Abb. 3.2, S. 44). Im Vergleich zum Jahr 2012 wird allen Dimensionen seltener zugestimmt, außer der Befürwortung einer Diktatur. Besonders deutlich – und in diesem Ausmaß überraschend – ist die stark rückläufige Zustimmung zu ausländerfeindlichen Aussagen. Aber auch chauvinistische Einstellungen und antisemitische Einstellungen sind stark zurückgegangen. Die Zustimmung zu allen Dimensionen des rechtsextremen Einstellungsmusters erreicht 2014 im

Vergleich zum Jahr 2002 den tiefsten Wert. Mit Blick auf den Antisemitismus haben zuletzt allerdings weniger »klassische« judenfeindliche Vorurteile, sondern sekundär-antisemitische Einstellungen und solche antisemitischen Aussagen, die sich einer Dämonisierung Israels bedienen, besonders hohe Zustimmungswerte erfahren. Decker/Kies/Brähler (2012) zeigen den Trend eindeutig (siehe in diesem Zusammenhang bereits Heyder, Iser & Schmidt 2005). Auch die aggressiven antisemitischen, zum Teil gewalttätigen Ereignisse in Deutschland (darunter der Angriff mit Molotowcocktails auf die Wuppertaler Synagoge im Juli 2014) und, noch stärker, in Frankreich, zu denen es während des jüngsten Gaza-Krieges gekommen ist, machen dies deutlich. Die Entwicklung spiegelt sich in den für die hier vorliegende Studie aktuell erhobenen Zahlen zu verschiedenen Formen des Antisemitismus wider (➠ siehe dazu ausführlich Kap. 4).

Entwicklung rechtsextreme Einstellungen in der Bevölkerung 2002–2014
(Angaben in Prozent)

Grafik 3.2

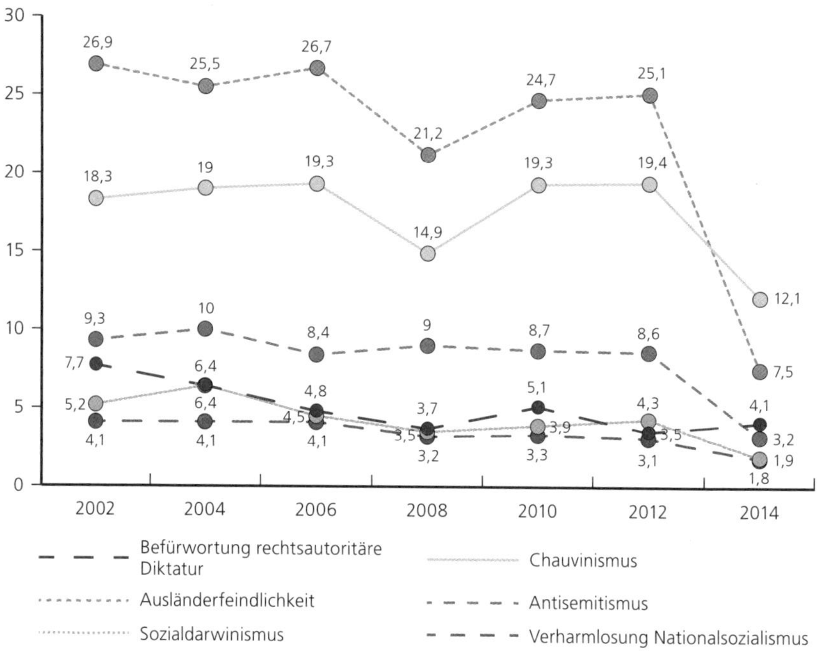

Insgesamt zeigt sich im Trend der ermittelten Daten auch, wie sehr rechtsextreme Einstellungen, die eine harte rechtsorientierte Position markieren – so die Verharmlosung des Nationalsozialismus, die Befürwortung einer rechtsautoritären Diktatur oder ein ideologischer Sozialdarwinismus, der einen Kampf zwischen Gruppen behauptet –, stabile, wenn auch geringe Zustimmung in der Bevölkerung finden. Auffällig ist das signifikante Absinken von Ausländerfeindlichkeit, Antisemitismus und einem national orientierten Chauvinismus. Allerdings erreichen diese klaren und eindeutigen, verallgemeinernden und abwertenden Einstellungen gegenüber Juden und »Ausländern« noch immer bedenklich hohe Prozentpunkte. Hier ist zu beachten, dass eine öffentliche Diskussion über den Schaden, den der NSU-Terror und neue rechtspopulistische Propaganda gegen Zuwanderer oder diskriminierende Bücher wie jenes von Thilo Sarrazin anrichten, die Zustimmungsbereitschaft zu offenen abwertenden Einstellungen und das Bekenntnis zu rechtsextremen Einstellungen beeinflussen, weil diese öffentlich geächtet wurden. Dennoch erreichen sie weiterhin Zustimmungswerte jenseits der 5 %. Das öffentliche Bekanntwerden und die Verfolgung von rechtsextremen Organisationen, rechtsextremer Propaganda und der breite öffentliche Diskurs um die mangelnde Beachtung des Rechtsextremismus zeigen offenbar Wirkung, was natürlich erfreulich ist. Das heißt jedoch nicht, dass sich ein normativer Konsens der Ächtung rechtsextremer Überzeugungen in dem Sinne durchgesetzt hätte, dass der Rechtsextremismus in der Mitte der Gesellschaft damit grundsätzlich behoben wäre. Vielmehr müssen wir fragen, ob dieser sich nicht nur subtiler äußert, gerade weil eine gesellschaftliche Norm gegen Rechtsextremismus besteht.

Durch die rückläufige Zustimmung zu den einzelnen Dimensionen rechtsextremer Einstellungen können wir auch mit Blick auf die Entwicklung eines Gesamtindex rechtsextremer Orientierungen einen Rückgang feststellen (➠ siehe Tab. 3.2, S. 46). Dazu wurde jeweils der Prozentsatz solcher Personen ermittelt, die allen Dimensionen des Rechtsextremismus zustimmen.[8]

8 Als rechtsextrem gelten demnach Personen ab einem Grenzwert > 63 bei Minimum 18 und Maximum 90. Der Grenzwert wird überstiegen, wenn alle 18 Items mit durchschnittlich höher als 3,5 (insgesamt 5 Antwortkategorien) beantwortet wurden (zum Verfahren vgl. Decker, Kiess & Brähler 2012: 47).

Zustimmung zum Gesamtindex rechtsextreme Orientierung
(Angaben in Prozent)

Tabelle 3.2

	2002	2004	2006	2008	2010	2012	2014
Gesamt	9,7	9,8	8,6	7,6	8,2	9	2,4
Ost	8,1	8,3	6,6	7,9	10,5	15,8	2,5
West	11,3	10,1	9,1	7,5	7,6	7,3	2,3

Inwieweit ein solcher Index allerdings tatsächlich Auskunft über das vorhandene rechtsextreme Potential geben kann, ist zumindest ungewiss. Durch die geringe Zustimmung zum Sozialdarwinismus und zur Verharmlosung des Nationalsozialismus erscheint im Gesamtindex der Rechtsextremismus als marginales Phänomen, tatsächlich wird zentralen Dimensionen wie Ausländerfeindlichkeit und Chauvinismus jedoch von weit mehr Befragten zugestimmt.

3.3 Rechtsextremismus und Verhalten

Mit dem Blick auf Studien wie jene, die wir hier vorlegen, wird oft die These vertreten, es würden nur Einstellungen erfasst und das habe doch nichts mit Verhalten zu tun. Tatsächlich schlagen sich menschenfeindliche Einstellungen, die in allen Bevölkerungen Europas festzustellen sind (siehe Zick, Küpper & Hövermann 2011), nicht immer und auch nicht zwangsläufig in Verhalten wie der Wahl von Parteien, der Teilnahme an Demonstrationen, Diskriminierungen oder Gewalt nieder. Ob Menschen mit rechtsextremen Orientierungen auch rechtsextreme Parteien wählen, einer rechtsextremen Gruppierung beitreten oder für die rechtsextreme Ideologie gewalttätig werden, ist nicht nur von der Einstellung, sondern auch von der Situation, den Gelegenheitsstrukturen, der Bezugsgruppe und gesellschaftlichen Normen abhängig (siehe zur kurzen Übersicht Zick 2004). Während nur Verhaltensweisen strafrechtlich relevant sind, ist es für die politische Bildung besonders wichtig, schon im Vorfeld rechtsextremer Straftaten zu wirken und auch rechtsextreme Einstellungen und deren Verbreitung und Entstehung im Blick zu haben (➠ siehe Kap. 8). In der Literatur wird zumeist zwischen einer Einstellungskomponente und einer Verhaltenskomponente des Rechtsextremismus unterschieden (zum Beispiel Stöss 2007). Demnach werden zum rechtsextremen Verhalten beispielsweise die Wahl rechtsextremer Parteien, die Mitgliedschaft in einer rechtsextremen Kameradschaft, die Teilnahme an rechtsextremen Protesten und die Beteiligung an Gewalt und Terror gezählt (ebd.: 27 f.).

Direktes Verhalten können wir in einer Umfrage nicht erfassen. Wir können jedoch danach fragen, wie sich Personen verhalten würden und so deren Verhaltensintentionen ermitteln und den Zusammenhang von Verhaltensabsichten und rechtsextremen Einstellungen analysieren. Dazu wurden die Befragten gebeten, die sogenannte Sonntagsfrage zu beantworten: »Wenn am nächsten Sonntag Bundestagswahl wäre, welche Partei würden Sie dann mit Ihrer Zweitstimme wählen?«

Tabelle 3.3.1 (➠ siehe S. 48) zeigt die Zustimmung zu rechtsextremen Einstellungen nach Wahlpräferenz. Sie ist bei Wähler_innen der NPD besonders deutlich – was zugleich die These unterstützt, dass die ermittelten rechtsextremen Einstellungen auch rechtsextrem sind. Jedoch ist auch unter den Wähler_innen der Alternative für Deutschland (AfD) ein überdurchschnittliches Ausmaß an Zustimmung zu chauvinistischen und ausländerfeindlichen Aussagen sowie Aussagen, die den Nationalsozialismus verharmlosen, festzustellen. Auffällig hohe Zustimmungswerte zeigen sich zudem bei den Nichtwähler_innen. Diese sind aufgrund des hier ermittelten Meinungsbildes potentiell für rechtspopulistische Mobilisierung erreichbar. Des Weiteren findet sich auch bei Wählerinnen und Wählern der anderen Parteien eine nennenswerte Verbreitung einiger Dimensionen des Rechtsextremismus. So stimmen beispielsweise knapp 9 % der CDU/CSU-Wähler_innen und 4,5 % der SPD-Sympathisant_innen ausländerfeindlichen Aussagen zu. Unter den FDP-Wähler_innen sind es knapp 10 %, die ausländerfeindlich denken. Es ist also sehr wahrscheinlich, dass Personen, die rechtsextreme Parteien wählen würden, auch ein entsprechendes Meinungsbild aufweisen, Personen mit rechtsextremen Einstellungen wählen jedoch nicht zwangsläufig rechtsextreme Parteien.

Ein weiteres Verhalten, dass mit Rechtsextremismus in Verbindung gebracht wird, ist die physische Gewalt in Absicht oder in manifestem Verhalten (Stöss 2007). Heitmeyer zufolge, sind rechtsextreme Orientierungen durch die beiden zentralen Ideologien der Ungleichwertigkeit und der Gewaltakzeptanz gekenn-

Tabelle 3.3.1

Rechtsextreme Einstellungen bei Befragten mit unterschiedlichen Wahlintentionen
(Angaben in Prozent)

	CDU/CSU (n = 384)	SPD (n = 352)	FDP (n = 100)	B '90[1] (n = 238)	Die Linke[2] (n = 147)	Piraten[3] (n = 39)	NPD (n = 17)	AfD[4] (n = 68)	NW[5] (n = 180)
Befürwortung Diktatur	5	2	3,5	2,3	4,3	0	20,3	9,5	13,9
Chauvinismus	14,1	11,9	15,1	1,5	3,2	7,2	56,2	41,2	19
Ausländerfeindlichkeit	8,8	4,5	9,8	1,7	6	1,3	72,8	15,9	13,4
Antisemitismus	4,7	1	0,8	0,8	3,7	1,5	30	9	8,9
Sozialdarwinismus	4,1	2,2	0	0	0	0	0	3,1	2,1
Verharmlosung des Nationalsozialismus	1,3	0,9	3,2	1,4	0	0	14	14,3	3,8

Legende [1] Bündnis 90/Die Grünen · [2] bis 2008 PDS/Linkspartei · [3] Piratenpartei · [4] Alternative für Deutschland · [5] Nichtwähler/innen

zeichnet (Heitmeyer 1987: 16). Um das zu ermitteln, haben wir versucht herauszufinden, wie sehr die Befragten Gewalt akzeptieren, indem wir sie fragten, ob sie erstens die Gewalt Anderer billigen würden und zweitens selbst bereit wären, Gewalt anzuwenden.

In Tabelle 3.3.2 sind die Fragen zur Gewaltbilligung und die Zustimmungsprozente dargestellt. Demnach sind knapp 14 % der Befragten der Meinung, dass Gewalt gegen politische Verantwortliche unter Umständen gerechtfertigt sein kann, Gewalt gegen Einwanderer halten immerhin 12 % der Befragten für gerechtfertigt.

Noch mehr Befragte geben an, sie seien unter bestimmten Umständen selbst bereit,

Formulierung der Fragen zur Gewaltbilligung
(Angaben in Prozent)

Tabelle 3.3.2

Ich stimme … →	**… überhaupt nicht zu**	**… eher nicht zu**	**… eher zu**	**… voll und ganz zu**
Ich finde es richtig, für eine Sache zu kämpfen, auch wenn dazu Gewalt gegen politisch Verantwortliche notwendig ist.	65,6	20,7	8,8	4,9
Wenn sich andere bei uns breit machen, muss man ihnen unter Umständen unter Anwendung von Gewalt zeigen, wer Herr im Hause ist.	73	15,4	8,6	3,1
Gewalt kann zur Erreichung politischer Ziele moralisch gerechtfertigt sein.	73,3	18,7	6,9	4,2

Gewalt anzuwenden. In Tabelle 3.3.3 (➠ siehe S. 50) sind die Aussagen zur Gewaltbereitschaft und die prozentuale Verteilung der Antworten wiedergegeben. Demnach wären mehr als 15 % bereit, sich mit Gewalt gegen Fremde durchzusetzen. 30 % der Befragten wären in Situationen, in denen es wirklich drauf ankommt, bereit, Gewalt anzuwenden.

Insgesamt ist davon auszugehen, dass mehr als 10 % der Bürgerinnen und Bürger in Deutschland offen Gewalt billigen und/oder selbst dazu bereit wären, Gewalt anzuwenden; in bestimmten Situationen liegt das Gewaltpotential sogar noch höher.

Von Interesse ist nun die Frage, ob die Gewaltbilligung und -bereitschaft mit den rechtsextremen Einstellungen verbunden ist. Akzeptieren rechtsextrem orientierte Personen Gewalt zur Durchsetzung von Interessen? Um dies darzustellen, wurde die durchschnittliche Zustimmung zu den drei Aussagen zur Gewaltbilligung und zur Gewaltbereitschaft ermittelt. Als gewaltbilligend beziehungsweise gewaltbereit, gelten nur Personen, die allen drei Aussagen mindestens eher zustimmen oder bei mindestens zwei Aussagen voll und ganz zustimmen.

Formulierung der Fragen zur Gewaltbereitschaft
(Angaben in Prozent)

Tabelle 3.3.3

Ich stimme … →	**… überhaupt nicht zu**	**… eher nicht zu**	**… eher zu**	**… voll und ganz zu**
Ich bin bereit, mich mit körperlicher Gewalt gegen Fremde durchzusetzen.	70,4	13,8	9,6	6,2
Ich bin in bestimmten Situationen durchaus bereit, auch körperliche Gewalt anzuwenden, um meine Interessen durchzusetzen.	72,5	15,3	7,6	4,6
Wenn es wirklich drauf ankommt, bin ich auch bereit, Gewalt anzuwenden.	52,2	17,7	17,3	12,8

In Abbildung 3.3.1 bis 3.3.6 (➠ siehe S. 51–53) vergleichen wir die Gewaltbilligung und Gewaltbereitschaft von Personen, die rechtsextremen Einstellungen zustimmen, mit der Gewaltbilligung von Personen, die keine rechtsextremen Einstellungen haben.

Insgesamt zeigt sich ein konsistentes Bild: Für alle Dimensionen rechtsextremer Einstellungen ist eine höhere Affinität zu Gewaltbilligung und Gewaltbereitschaft festzustellen. So sind etwa Personen, die eine Diktatur befürworten, mehr als dreimal so gewaltbereit wie Befragte, die keine Diktatur befürworten. Befragte, die antisemitisch eingestellt sind, billigen Gewalt fast siebenmal häufiger als nicht antisemitisch eingestellte Befragte. Auch mit Blick auf die Ausländerfeindlichkeit sind die Unterschiede signifikant: Ausländerfeindlich eingestellte Personen billigen Gewalt häufiger und sind auch selbst häufiger gewaltbereit. Dieses Muster zeigt sich ebenso für die anderen Dimensionen des Rechtsextremismus. Auch bei chauvinistisch und sozialdarwinistisch eingestellten Personen sowie bei Befragten, die den Nationalsozialismus verharmlosen, sind die Gewaltbilligung und -bereitschaft signifikant stärker ausgeprägt. Rechtsextreme Einstellungen in der Bevölkerung gehen also mit einer höheren Gewaltakzeptanz einher.

Rechtsextrem eingestellte Personen tendieren somit durchaus auch zu rechtsextremen Verhaltensweisen, hier gemessen an der Affinität zu Gewalt und der

Zustimmung zu Gewaltbilligung und Gewaltbereitschaft bei Personen mit rechtsextremen Einstellungen: Befürwortung einer Diktatur (Angaben in Prozent) **Grafik 3.3.1**

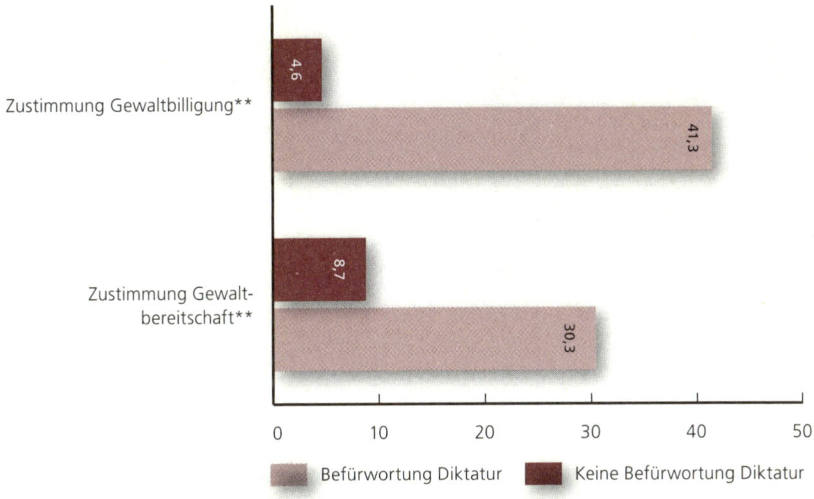

Zustimmung zu Gewaltbilligung und Gewaltbereitschaft bei Personen mit rechtsextremen Einstellungen: Chauvinismus (Angaben in Prozent) **Grafik 3.3.2**

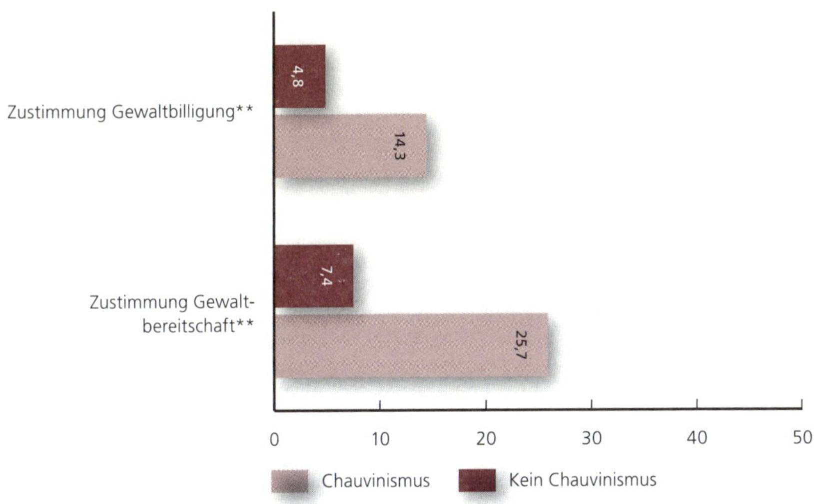

Zustimmung zu Gewaltbilligung und Gewaltbereitschaft bei Personen mit rechtsextremen Einstellungen: Ausländerfeindlichkeit (Angaben in Prozent) **Grafik 3.3.3**

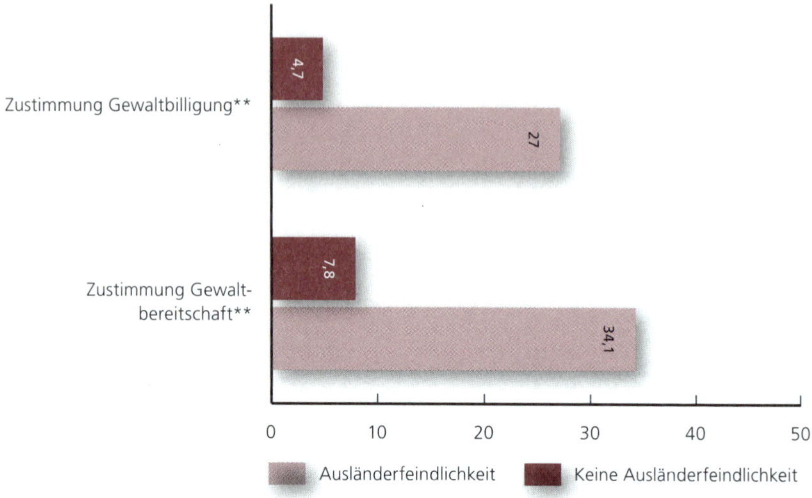

Zustimmung zu Gewaltbilligung und Gewaltbereitschaft bei Personen mit rechtsextremen Einstellungen: Antisemitismus (Angaben in Prozent) **Grafik 3.3.4**

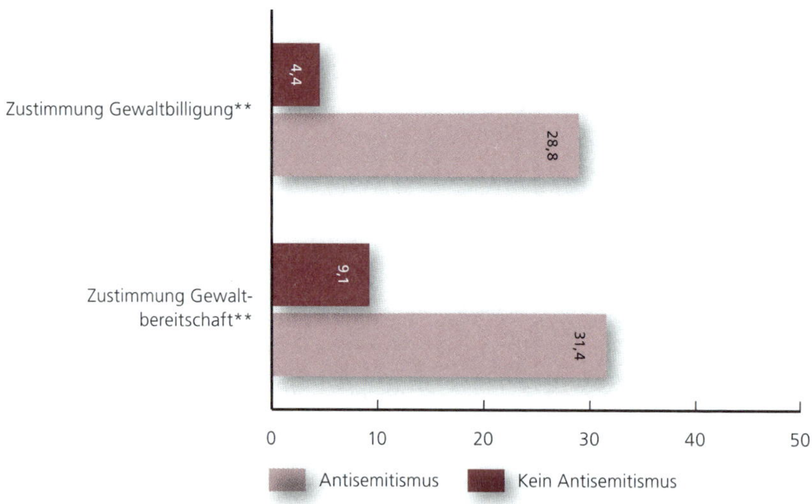

Zustimmung zu Gewaltbilligung und Gewaltbereitschaft bei Personen mit rechtsextremen Einstellungen: Sozialdarwinismus (Angaben in Prozent) **Grafik 3.3.5**

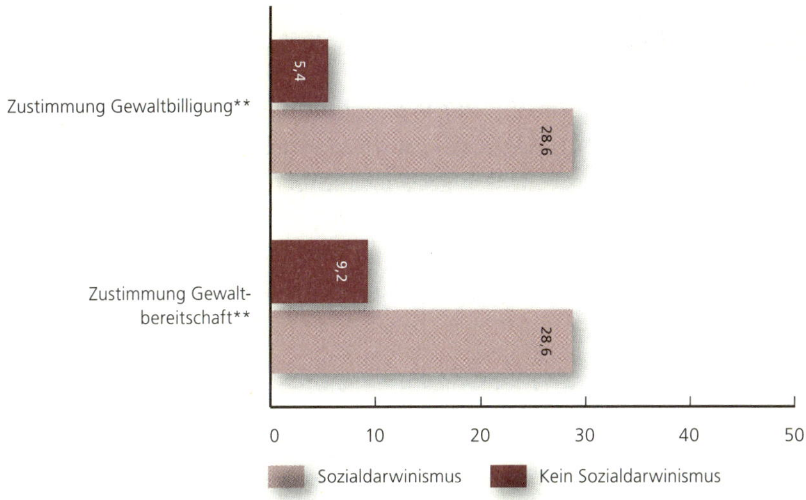

Zustimmung zu Gewaltbilligung und Gewaltbereitschaft bei Personen mit rechtsextremen Einstellungen: Verharmlosung des Nationalsozialismus (Angaben in Prozent) **Grafik 3.3.6**

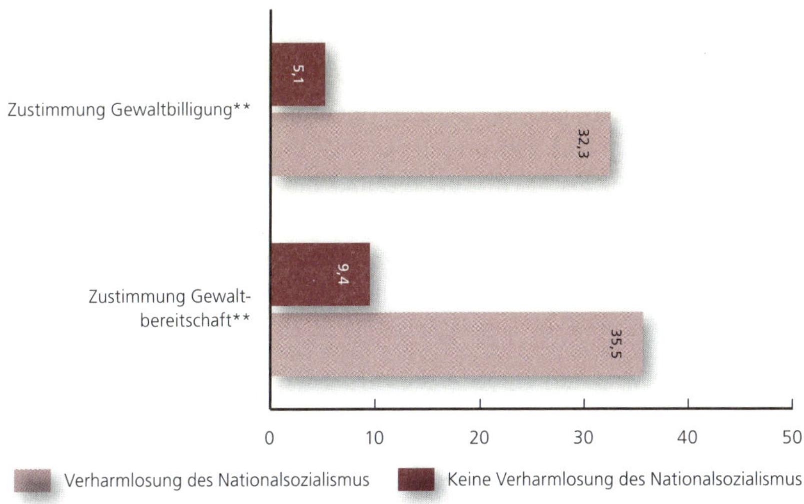

Wahl rechtsextremer Parteien. Beim Wahlverhalten ist allerdings zu erkennen, dass auch andere Optionen für rechtsextrem eingestellte Personen in Frage kommen, insbesondere die Nichtwahl und die Wahl der Partei Alternative für Deutschland (AfD).

3.4 Rechtsextremismus in der Wahrnehmung der Bevölkerung

Für den Umgang einer Gesellschaft mit Rechtsextremismus ist nicht nur von Bedeutung, zu welchem Anteil Bürger_innen selbst rechtsextreme Einstellungen aufweisen, sondern auch ob sie den Rechtsextremismus selbst – gewissermaßen als Objekt – als Problem wahrnehmen und bereit sind, sich dagegen zu engagieren (Zick & Hövermann 2013). Es kann sein, dass Bürger_innen zwar selbst keine rechtsextremen Einstellungen haben, aber rechtsextreme Gruppen oder ihre Propaganda gar nicht als Problem wahrnehmen. Ist das der Fall, dann ist das für die Gesellschaft nicht unproblematisch, weil sich dann rechtsextreme Milieus bilden oder ungehindert ausbreiten können. Zick, Küpper & Legge (2009) haben in Anlehnung an die Forschung zum prosozialen Verhalten und zur Zivilcourage ein reliables (➠ siehe Glossar unter Rentabilität) Messinstrument zu dieser Problemwahrnehmung entwickelt (zur Zivilcourageforschung vgl. Meyer 2014). Die Problemwahrnehmung bemisst sich dabei an der Wahrnehmung des Rechtsextremismus (Wird er überhaupt wahrgenommen?), an der Interpretation (Wird Rechtsextremismus auch als Problem gesehen oder eher »weginterpretiert«?), an der Verantwortung, die Bürger sich selbst zuschreiben (Haben wir Verantwortung oder schreiben wir sie anderen zu?), an der Wahrnehmung, ob Bürger über geeignete Strategien verfügen, und schließlich an der Absicht, dem Rechtsextremismus aktiv entgegenzutreten oder eben nicht. Diese Dimensionen der Problemwahrnehmung dienen der Orientierung.

In der vorliegenden Studie wurden die Dimensionen der Wahrnehmung durch Aussagen erfasst, die wir bis auf eine Frage zur persönlichen Verantwortungsübernahme zuvor schon in anderen Studien verwendet haben (Zick, Küpper & Legge 2009).

In Tabelle 3.4.1 sind die jeweiligen Aussagen sowie die prozentualen Antworten dargestellt. Dabei hängen alle Aussagen signifikant mit den Einstellungen zum Rechtsextremismus, die oben berichtet wurden, zusammen. Die Korrelation zwischen allen Rechtsextremismusdimensionen und einer entsprechenden Skala, die aus den Aussagen zur Wahrnehmung des Rechtsextremismus (➠ siehe Tab. 3.4.1) gebildet wird, ist hoch (r = -.37, n = 1.449), das heißt wer rechtsextrem eingestellt ist, nimmt den Rechtsextremismus als Problem auch weniger wahr.

Formulierung der Fragen zur Wahrnehmung des Rechtsextremismus
(Angaben in Prozent) **Tabelle 3.4.1**

Ich stimme … →	… überhaupt nicht zu	… eher nicht zu	… eher zu	… voll und ganz zu
Wahrnehmung				
Ich finde es bedrohlich, wenn der Rechtsextremismus zunimmt.	5,9	7,3	13,3	73,4
Interpretation				
Der Rechtsextremismus wird in den Medien hoch gekocht.	21,8	25,8	28,4	24
Verantwortungsübernahme				
Ich fühle mich persönlich verantwortlich etwas gegen den Rechtsextremismus zu tun.	24,9	24,1	29,1	21,9
Strategien des Eingreifens				
Es ist am besten, die Rechten gar nicht zu beachten.	30,4	20,9	20,2	28,5
Entscheidung zur Aktivität				
Gegen den Rechtsextremismus muss man dringend etwas unternehmen.	6	12,3	26,2	55,5

Rechtsextremismus wird von einer großen Mehrheit der Bevölkerung als bedrohlich wahrgenommen. Allerdings sind in Bezug auf die Interpretation mehr als 50 % der Befragten der Meinung, das Problem werde in den Medien hochgekocht. Auch fühlt sich nur knapp die Hälfte der Befragten persönlich verantwortlich, etwas gegen Rechtsextremismus zu tun. Mit Blick auf die Strategien zeigt sich, dass knapp 50 % der Meinung sind, es sei am besten die Rechtsextremen zu ignorieren. Damit scheinen ihnen für einen aktiven Umgang die Kompetenzen zu fehlen. Schließlich halten es 80 % für dringend geboten, gegen den Rechtsextremismus etwas zu unternehmen und zeigen damit eine Handlungsbereitschaft bzw. eine Bereitschaft, Maßnahmen gegen Rechtsextremismus zu unterstützen. Ob die Befragten selbst eingreifen würden, ist hier nicht erfasst.

Die Umfrage zeigte jedoch: Engagement gegen Rechtsextremismus scheitert an drei Hürden: Einer klaren Beurteilung des Rechtsextremismus als Problem, der persönlichen Verantwortungsübernahme, wenn das Problem beispielsweise als ein von Politiker_innen zu lösendes Problem verstanden, wird und an den Strategien, wenn zum Beispiel Ignorieren als eine geeignete Strategie im Umgang mit Rechtsextremismus erscheint.

Während sich die Zustimmung zu den fünf Stufen bei Ost- und Westdeutschen kaum unterscheidet, sind die Unterschiede zwischen den Altersgruppen deutlich (➠ siehe Tab. 3.4.2). Hier sind es vor allem die jüngeren Befragten bis 30 Jahre, die meinen, Rechtsextremismus werde in den Medien hochgekocht, die sich nicht persönlich verantwortlich fühlen und die es auch am wenigsten dringend finden, etwas gegen Rechtsextremismus zu unternehmen.

Zustimmung zu den Fragen über die Wahrnehmung des Rechtsextremismus nach Altersgruppen (Angaben in Prozent) **Tabelle 3.4.2**

	16–30 (n = 379)	31–60 (n = 905)	> 60 (n = 601)
Ich finde es bedrohlich, wenn der Rechtsextremismus zunimmt.	7,3	13,3	73,4
Der Rechtsextremismus wird in den Medien hoch gekocht.	25,8	28,4	24
Ich fühle mich persönlich verantwortlich etwas gegen den Rechtsextremismus zu tun.	24,1	29,1	21,9
Es ist am besten, die Rechten gar nicht zu beachten.	20,9	20,2	28,5
Gegen den Rechtsextremismus muss man dringend etwas unternehmen.	12,3	26,2	55,5

Einige der Fragen zur Wahrnehmung des Rechtsextremismus wurden bereits im Jahr 2008 im Rahmen des Projekts zur Gruppenbezogenen Menschenfeindlichkeit erhoben. Ein Zeitvergleich offenbart, dass im Jahr 2008 – also bevor der Terror des NSU bekannt wurde – eine höhere Sensibilität für Rechtsextremismus in der Bevölkerung vorhanden war als im Jahr 2014 (➠ siehe Tab. 3.4.3). Demnach fanden im Jahr 2008 noch mehr Befragte eine Zunahme des Rechtsextremismus bedrohlich und stimmten der Aussage: »Gegen den Rechtsextremismus muss man dringend etwas unternehmen« wesentlich häufiger zu, während weniger Befragte der Meinung waren, es sei am besten, die Rechten gar nicht zu beachten.

Auf den ersten Blick scheint dieser Befund dem Rückgang rechtsextremer Einstellungen in der Bevölkerung (➠ siehe Kap. 3.2) zu widersprechen, könnte man doch annehmen, dass ein Rückgang rechtsextremer Einstellungen mit einem erhöhten Problembewusstsein einhergeht. Die Ergebnisse können aber auch so interpretiert werden, dass offen rechtsextreme Äußerungen seltener vorkommen, weil sich nach der breiten öffentlichen Debatte eine starke Norm gegen Rechtsextremismus etabliert hat. Zugleich besteht in der Bevölkerung ein Unwille, sich mit der Problematik des Rechtsextremismus auseinanderzusetzen.

Fragen zur Wahrnehmung des Rechtsextremismus im Zeitvergleich
(Angaben in Prozent)

Tabelle 3.4.3

Ich stimme … →		**… überhaupt nicht zu**	**… eher nicht zu**	**… eher zu**	**… voll und ganz zu**
Ich finde es bedrohlich, wenn der Rechtsextremismus zunimmt.	2014	5,9	7,3	13,3	73,4
	2008	2,6	5,4	14,1	78
Der Rechtsextremismus wird in den Medien hoch gekocht.	2014	21,8	25,8	28,4	24
	2008	13,8	32,9	32,2	21,1
Es ist am besten, die Rechten gar nicht zu beachten.	2014	30,4	20,9	20,2	28,5
	2008	30,4	33,4	13,6	22,6
Gegen den Rechtsextremismus muss man dringend etwas unternehmen.	2014	6	12,3	26,2	55,5
	2008	1,7	7,8	19,7	70,9

3.5 Zusammenfassung

Mit Blick auf die Frage, wie sehr rechtsextreme Einstellungen in der Bevölkerung aktuell verbreitet sind und wie sie sich angesichts der Debatten und des Wandels im Land während der letzten Dekade entwickelt haben, fällt die Beurteilung der präsentieren Ergebnisse nicht leicht. Das Bekanntwerden des rechtsextremen Terrors, die öffentlichen Debatten um den Terror und das Versagen der Behörden sowie die öffentlichen Veranstaltungen, die den Opfern galten, mögen für den Rückgang rechtsextremer Einstellungen verantwortlich sein. Die breite öffentliche Repression des Rechtsextremismus und die Bemühungen zahlreicher Initiativen, Stiftungen und Projekte der politischen Bildung scheinen normativ zu wirken.

Allerdings zeigt die Sensibilität, mit der viele Befragte auf die Aussage, dass der Rechtsextremismus in den Medien hochgekocht wird, auch, wie allergisch nicht wenige Befragte auf die mediale Abwehr reagieren. Interessanterweise korreliert die Zustimmung zu der Aussage, dass der Rechtsextremismus medial »hochgekocht wird« stark mit einem rechtsextremen Überzeugungsmuster ($r = .37$, $n = 1.435$).

Ferner ist auch zu bemerken, wie sehr einige Einstellungsmuster nach wie vor verbreitet sind. Dies trifft insbesondere auf Chauvinismus und eine Feindseligkeit, die gegen die imaginäre Gruppe von »Ausländern« gerichtet ist, zu. Im nachfolgenden Kapitel wird noch deutlicher werden, wie stabil bestimmte Elemente der Gruppenbezogenen Menschenfeindlichkeit sind, zu denen auch die sogenannte Ausländerfeindlichkeit gehört.

Dabei sind rechtsextreme Einstellungsmuster unter Ostdeutschen etwas stärker verbreitet als unter Westdeutschen. Ältere Befragte über 60 Jahre und Jüngere unter 30 teilen rechtsextreme Einstellungen stärker als Personen im mittleren Alter. Da der Altersunterschied unter Berücksichtigung von Studien der Nachkriegszeit relativ stabil zu sein scheint, sieht es so aus, als wirkten Normen in bestimmten Altersgruppen hier weniger stark.

Rechtsextreme Einstellungen finden sich auch bei Befragten, die sich in der politischen Mitte der Gesellschaft sehen. In der sozioökonomischen Mitte sind sie seltener anzutreffen als bei Personen, die sich in der unteren oder oberen Statusgruppe verorten. Vor diesem Hintergrund ist der gesellschaftliche Wandel, der sich durch eine Schrumpfung dieser Mitte ergibt, bedenklich. Stimmt die Diagnose, die Mitte würde immer stärker erodieren und auch ihre Bindekraft verlieren, die von einigen Wissenschaftlern und Politikern deutlich geteilt wird, dann muss man fragen, wie Normen gegen rechtsextreme Orientierungen, die vormals gerade durch diese Mitte weitergegeben wurden, in der Gesellschaft etabliert werden können. Das Aufkommen eines rabiaten Rechtspopulismus, der Stimmengewinne sucht durch eine mehr oder minder subtile Menschenfeindlichkeit und einen weniger offenen Chauvinismus als den, der von Rechtsextremen vertreten wird, muss bedrohlich erscheinen.

Diese Diagnosen sollen aber nicht in Frage stellen, dass rechtsextreme Einstellungen im Vergleich zum Jahr 2012, aber auch langfristig seit 2002, zurückgegangen sind. Dies könnte einerseits mit erfolgreicher politischer Bildungsarbeit im öffentlichen und halböffentlichen Raum zusammenhängen, die nach dem Bekanntwerden des rechtsextremen Terrors größere Akzeptanz fand als zuvor. Es könnte auch mit einer aktuell als gut wahrgenommenen ökonomischen Lage nach der Finanz- und Wirtschaftskrise erklärt werden. Immerhin erwarten in der Umfrage 49 % der Befragten, dass ihre wirtschaftliche Lage in den nächsten fünf Jahren stabil bleibt. Nur 24 % haben eine pessimistische Sicht. Und 27 % sehen den nächsten fünf Jahren sogar optimistisch entgegen.

Es ist aber nicht einfach, diesen Optimismus gegen die Affinität zu rechtsextremen Einstellungen zu stellen. Es gibt keinen Automatismus zwischen gesellschaftlicher Lage und Rechtsextremismus. Es kommt auf das soziale und gesellschaftliche Umfeld an, welches Bürger_innen vermittelt oder suggeriert, dass ihre Lage sich durch eine rechtsextreme Politik verbessern ließe. Und dabei spielen eben soziale Normen eine zentrale Rolle, denn sie vermitteln, dass sich Menschen in einer Demokratie gegen die Behauptung wehren können, Ausgrenzungs- oder gar Vernichtungsideologien würden ihre Lage verbessern. Dazu braucht es also starke soziale Einstellungen, wie wir sie auch mit Blick auf die Zivilcourage beschrieben haben. Hier wird sichtbar, dass soziale Normen bröckeln, wenn Bürger der Auffassung sind, dass andere sich viel besser um den Rechtsextremismus kümmern könnten als sie selbst oder wenn sie der Auffassung sind, dass Berichte wie der unsrige eine mediale Übertreibung darstellten. »Man wird doch wohl sagen dürfen …«: Auch das war eine Kampagne im Europawahlkampf des Jahres 2014, deren Effekt wir hier aber erst in den kommenden Jahren nachzeichnen können.

4 Menschenfeindliche Zustände

Anna Klein, Eva Groß, Andreas Zick

Eine wesentliche Gefahr für das Zusammenleben in Demokratien ist das Einsickern von Ungleichwertigkeitsideologien in Gesellschaften. Vorurteile, negative Stereotype, feindselige Emotionen und diskriminierende Handlungsabsichten gegenüber Gruppen spiegeln die Überzeugung wider, dass Gruppen in der Gesellschaft nicht gleichwertig sind. Die Gruppenbezogene Menschenfeindlichkeit ist daher neben und zusammen mit rechtsextremen Einstellungen eine massive Gefahr für die Demokratie, weil sie dem Gleichheitsgrundsatz widerspricht und Gruppen der Feindseligkeit aussetzt. Menschenfeindlichkeiten können einen Zustand erzeugen, in dem Ungleichwertigkeit als Normalität wahrgenommen wird.

Seit vielen Jahren untersuchen wir diese Gruppenbezogene Menschenfeindlichkeit (siehe zum Beispiel Groß, Zick & Krause 2012). Sie ist nach vielen Definitionen aus der Rechtsextremismusforschung und nach Beobachtungen rechtsextremer Milieus und ihrer Propaganda ein genuiner Bestandteil des Rechtsextremismus (siehe zum Beispiel Heitmeyer 1987; Stöss 2007; Decker & Brähler 2006). Wie sehr rechtsextrem orientierte Gruppen und Personen feindselig gegenüber Gruppen sind, die als Minderheiten, Außenseiter, Abweichler und so weiter stigmatisiert werden, liegt auf der Hand.

Unterschiede zwischen den verschiedenen Forschungsansätzen gibt es allerdings in Bezug auf die Frage, welche Menschenfeindlichkeiten prägend sind für ein rechtsextremes Überzeugungssystem. So nehmen zum Beispiel Stöss (2007) und Decker/Brähler (2006) nur die Abwertungen gegenüber bestimmten Gruppen in den Blick, wie die Fremdenfeindlichkeit und den Antisemitismus.

Wir dagegen sind der Meinung, dass auch viele andere Feindseligkeiten gegenüber Gruppen den Rechtsextremismus prägen können, und auch unabhängig von rechtsextremen Überzeugungen in der Gesellschaft weit verbreitet sind und damit ein starkes Potential einer antidemokratischen Kultur darstellen. Menschenfeindlichkeit bietet eine Grundlage für rechtsextreme Milieus besonders dann, wenn sie in der Gesellschaft verbreitet ist und rechtsextreme Milieus sich auf sie beziehen können. Feindselige und abwertende Einstellungen gegenüber Einwanderern, Juden, Muslimen, Obdachlosen und Arbeitslosen sowie verschiedenen anderen Gruppen bezeichnen wir als Gruppenbezogene Menschenfeindlichkeit (siehe Heitmeyer & Mansel 2008; Zick et al. 2008/2011). Sie ist dadurch gekennzeichnet, dass sie sich auf verschiedene Gruppen in der Gesellschaft bezieht, die als schwach, abweichend, nicht normal oder fremd und so weiter markiert werden. Gleichzeitig weist sie einen gemeinsamen Kern auf, der sich als Ideologie der Ungleichwertigkeit beschreiben lässt (ebd.). Wir sprechen von einem Syndrom Gruppenbezogener Menschenfeindlichkeit, weil die Feindseligkeit gegenüber einer bestimmten Gruppe in der Regel mit hoher Wahrscheinlichkeit mit Feindseligkeiten gegen andere Gruppen einhergeht. Die Verbindung der verschiedenen Facetten der Gruppenbezogenen Menschenfeindlichkeit untereinander zeigt sich empirisch dadurch, dass beispielsweise Personen mit fremdenfeindlichen Einstellungen auch vermehrt zu sexistischen Meinungen oder zu abwertenden Meinungen gegenüber wohnungslosen Menschen tendieren (Zick et al. 2008; Bäckström & Björklund 2007). Es ist daher aus unserer Sicht auch nicht sinnvoll, fremdenfeindliche und antisemitische Einstellungen als Bestandteil rechtsextremer Orientierungen zu betrachten, abwertende Einstellungen gegenüber anderen schwachen Gruppen jedoch nicht. Vielmehr ist die Ideologie der Ungleichwertigkeit ein wichtiger Bestandteil rechtsextremer Orientierungen, und diese kann in verschiedenen Facetten Gruppenbezogener Menschenfeindlichkeit hervortreten. Dass sich die Ideologie der Ungleichwertigkeit im rechtsextremen Meinungsbild nicht nur in Antisemitismus und Fremdenfeindlichkeit ausdrückt, sondern auch andere schwache Gruppen betrifft, zeigen beispielsweise Statistiken zu den Opfern rechtsextremer Gewalt- und Tötungsdelikte (zum Beispiel Zeit online 2013). Menschen mit Behinderung und wohnungslose Menschen wurden in der vergangenen zehn Jahren immer häufiger Ziel rechtsextremer Angriffe (Staud 2013).

Ein Kennzeichen Gruppenbezogener Menschenfeindlichkeit ist ebenso, dass je nach gesellschaftlichem Meinungsklima neue Gruppen in den Fokus der Abwertung geraten können, z. B. wenn eine bestimmte Gruppe durch Meinungsführerinnen und -führer gezielt und medial wirksam stigmatisiert wird (etwa Roma und Sinti) oder wenn sich Wertorientierungen ändern, wie zum Beispiel die immer größere Bedeutung von ökonomistischen Werten mit gravierenden Folgen für langzeitarbeitslose Menschen und andere schwache Gruppen (siehe dazu Groß & Hövermann in diesem Band). Mit anderen Worten: Wenn wir über antidemokratische Mentalitäten in der Gesellschaft etwas wissen möchten und dabei den Blick auf rechtsextreme Einstellungen werfen, dann ist es von entscheidender Bedeutung zu wissen, wie verbreitet die Menschenfeindlichkeit in der Gesellschaft ist. – Für die vorliegende Studie berücksichtigen wir zwölf Facetten der Abwertung als Bestandteile des Syndroms Gruppenbezogener Menschenfeindlichkeit (➠ siehe Abb. 4.1, S. 64).

Rassismus beschreibt Einstellungen und Verhaltensweisen, die Abwertungen auf der Grundlage einer biologistisch konstruierten »natürlichen« Höherwertigkeit der Eigengruppen vornehmen.[9]

- *Fremdenfeindlichkeit* bezieht sich auf bedrohlich wahrgenommene kulturelle Differenz und materielle Konkurrenz um knappe Ressourcen.
- *Klassischer Antisemitismus* meint Feindseligkeit gegenüber Juden (einschließlich deren Symbole), denen bedrohliche Absichten, »Verschwörung« und »Ausbeutung« unterstellt werden.
- *Abwertung von Menschen mit homosexueller Orientierung (Abwertung von homosexuellen Menschen)* bezeichnet abwertende Einstellungen gegenüber Menschen mit homosexueller Orientierung, weil Homosexualität als Normabweichung und Verstoß gegen geltende Moralvorstellungen verstanden wird.
- *Abwertung von wohnungslosen Menschen* meint die Abwertung von Personen ohne festen Wohnsitz, weil sie den Normalitätsvorstellungen eines geregelten Lebens nicht nachkommen.

9 Wir verwenden hier einen engen Rassismusbegriff, der nicht ausschließt, dass es auch rassistische Varianten der anderen Facetten gibt. Allerdings unterstellen wir nicht, dass hinter allen Facetten der Menschenfeindlichkeit Rassismus steckt, solange wir das empirisch nicht nachweisen können.

Das Syndrom Gruppenbezogener Menschenfeindlichkeit mit 12 Facetten im Jahr 2014 **Grafik 4.1**

- *Abwertung von behinderten Menschen* bezieht sich auf abwertende Einstellungen gegenüber Menschen mit Behinderung, zum Beispiel wenn diese als Kostenfaktor gesehen werden.
- *Islamfeindlichkeit* bezeichnet die Bedrohungsgefühle und Abwertungen von Muslimen, ihrer Kultur und ihren öffentlich-politischen wie religiösen Aktivitäten.
- *Etabliertenvorrechte* umfassen die von Alteingesessenen beanspruchte raumzeitliche Vorrang- und Vormachtstellung gegenüber »Neuen«, »Zugezogenen« und »Unangepassten«; Etabliertenvorrechte können somit die Gleichwertigkeit unterschiedlicher Gruppen verletzen.
- *Klassischer Sexismus* besteht darin, Frauen eine häusliche Rolle zuzuweisen und eine Überlegenheit des Mannes zu behaupten.
- *Abwertung von langzeitarbeitslosen Menschen* ist gegen langzeitarbeitslose Personen gerichtet, die durch den Vorwurf des Missbrauchs von Sozialleis-

tungen, der Faulheit sowie mangelnder Eigenmotivation, etwas gegen ihre Arbeitslosigkeit zu tun, in den Fokus der Feindseligkeit geraten.

- *Abwertung von Roma und Sinti* meint feindselige Einstellungen gegenüber Roma und Sinti, denen Kriminalität, Unangepasstheit und Missbrauch des Sozialstaates vorgeworfen werden.
- *Abwertung von asylsuchenden Menschen* bezieht sich auf die Unterstellung, asylsuchende Personen würden Notlagen nur vortäuschen (siehe Heitmeyer & Mansel 2008; Zick et al. 2012).

Wir gehen somit davon aus, dass Gruppenbezogene Menschenfeindlichkeit in allen Facetten als Bestandteil rechtsextremer Orientierungen zu sehen ist, weil der Rechtsextremismus danach trachtet, diese Gruppen als ungleichwertig einzustufen und ihnen mit Gewalt zu begegnen. Über diese verschiedenen Facetten ist der Rechtsextremismus für viele Ausprägungen von Ungleichwertigkeitsideologien anschlussfähig und offen. Erst durch die Offenheit für Gruppenbezogene Menschenfeindlichkeiten in der Gesellschaft kann sich der Rechtsextremismus den Stimmungslagen der Gesellschaft anpassen. Personen können freilich nicht zwangsläufig als »rechtsextrem« bezeichnet werden, weil sie abwertende Einstellungen gegenüber bestimmten Gruppen vertreten. Weitere Einstellungen beziehungsweise Verhaltensweisen müssen hinzukommen. Ideologien der Ungleichwertigkeit können jedoch ein Indikator für die Offenheit gegenüber Ideen des rechtsextremen Spektrums sein. Sie zeigen in jedem Fall an, dass auf der Einstellungsebene gegen einen zentralen Grundwert demokratischen Zusammenlebens verstoßen wird: die Gleichwertigkeit.

4.1 Die Verbreitung Gruppenbezogener Menschenfeindlichkeit

Dass Gruppenbezogene Menschenfeindlichkeit in Deutschland nach wie vor weit verbreitet ist, können wir auch im Jahr 2014 beobachten. In Tabelle 4.1.1 (➠ siehe Tab. 4.1.1) sind die Aussagen, mit denen wir die verschiedenen Facetten erfasst haben, und die Verteilung der Antworten der Befragten aufgeführt. Dabei stoßen einige Aussagen auf breite Zustimmung in der Bevölkerung. So sind über die Hälfte der Befragten der Meinung: »Wer irgendwo neu ist, sollte sich erst mal mit weniger zufrieden geben.« Damit werden Etabliertenvorrechte markiert.

Auch unterstellt knapp die Hälfte der Befragten langzeitarbeitslosen Menschen, dass sie nicht wirklich an einem Job interessiert seien. Fast ein Fünftel stimmt der Aussage zu: »Frauen sollten sich wieder mehr auf die Rolle der Ehefrau und Mutter besinnen« und äußert sich klassisch sexistisch. Islamfeindliche Einstellungen werden deutlich, wenn 18 % ein Verbot der Zuwanderung von Muslimen fordern. Auch sind mehr als ein Drittel der Befragten der Ansicht, es gäbe zu viele Ausländer in Deutschland. Ressentiments gegen Roma und Sinti finden wir in der Meinung von 38 % der Befragten, diese Gruppen neigten zu Kriminalität. Dass der Staat bei der Prüfung von Asylanträgen großzügig sein sollte, meint hingegen nur eine Minderheit.

Die Forderung »Bettelnde Obdachlose sollten aus den Fußgängerzonen entfernt werden«, ist für gut 30 % der Befragten zustimmungsfähig, und immerhin 12 % positionieren sich durch die Zustimmung zu der Aussage »Die Weißen sind zurecht führend in der Welt« offen rassistisch. Zustimmung zu klassisch antisemitischen Aussagen wie: »Die Juden haben in Deutschland zu viel Einfluss« können wir bei gut 10 % der Befragten beobachten. Der Aussage: »Es ist ekelhaft, wenn Homosexuelle sich in der Öffentlichkeit küssen« wird von 20 % der Befragten zugestimmt. 7 % meinen, Behinderte erhielten zu viele Vergünstigungen.

Somit zeigt sich insgesamt eine weite Verbreitung Gruppenbezogener Menschenfeindlichkeit in der bundesdeutschen Gesellschaft. Die Abwertung, die sich auf verschiedene schwache Gruppen bezieht, ist teilweise mehrheitsfähig und muss deshalb als ein Phänomen der Mitte unserer Gesellschaft betrachtet werden. Sie ist ein Einfallstor rechtspopulistischer und rechtsextremer Stimmungsmacher (➠ siehe Tab. 4.1.1).

4.2 Sonderauswertung Antisemitismus im September 2014

Im Rahmen der Haupterhebung vom Juni 2014 wurde nur der klassische Antisemitismus erfasst, also die offene und direkte Abwertung von Juden. Sie war auch Bestandteil des Rechtsextremismus, wie in Kapitel 3 beschrieben. Antisemitismus hat allerdings, wie die anderen Elemente der Gruppenbezogenen Menschenfeindlichkeit, viele Facetten (Zick 2010). Hierzu gehört vor allem der sekundäre Antisemitismus, der sich in Relativierungen und Verharmlosungen

Zustimmungen und Ablehnungen von Aussagen zur Gruppenbezogenen Menschenfeindlichkeit im Jahr 2014 (Angaben in Prozent) **Tabelle 4.1.1**

Ich stimme … →	**… überhaupt nicht zu**	**… eher nicht zu**	**… eher zu**	**… voll und ganz zu**
Wer irgendwo neu ist, sollte sich erst mal mit weniger zufrieden geben.	12,7	26,5	34,1	26,7
Wer schon immer hier lebt, sollte mehr Rechte haben, als die, die später zugezogen sind.	35,5	24,7	20,5	19,4
Die meisten Langzeitarbeitslosen sind nicht wirklich daran interessiert, einen Job zu finden.	21,3	34	26,7	18,1
Ich finde es empörend, wenn sich die Langzeitarbeitslosen auf Kosten der Gesellschaft ein bequemes Leben machen.	16,8	21,4	25,1	36,7
Für eine Frau sollte es wichtiger sein, ihrem Mann bei seiner Karriere zu helfen, als selbst Karriere zu machen.	72,9	15,6	6,3	5,2
Frauen sollten sich wieder mehr auf die Rolle der Ehefrau und Mutter besinnen.	60,9	20,7	10,6	7,7
Durch die vielen Muslime hier fühle ich mich manchmal wie ein Fremder im eigenem Land.	44,3	24,2	15,7	15,8
Muslimen sollte die Zuwanderung nach Deutschland untersagt werden.	58,4	23,4	10,9	7,3
Bei der Prüfung von Asylanträgen sollte der Staat großzügig sein	25,2	36,8	25,5	12,5
Die meisten Asylbewerber werden in ihrem Heimatland gar nicht verfolgt.	20,5	37,3	27,1	15
Die meisten Obdachlosen sind arbeitsscheu.	37	42,1	14,4	6,5
Bettelnde Obdachlose sollten aus den Fußgängerzonen entfernt werden.	38,5	30,8	16	14,7
Behinderte erhalten zu viele Vergünstigungen.	75,8	16,9	4,6	2,6

Ich stimme … →	**… überhaupt nicht zu**	**… eher nicht zu**	**… eher zu**	**… voll und ganz zu**
Für Behinderte wird in Deutschland zu viel Aufwand betrieben.	75,7	18	4,2	2,1
Es ist ekelhaft wenn Homosexuelle sich in der Öffentlichkeit küssen.	63,3	16,5	8,3	12
Homosexualität ist unmoralisch.	74,4	14,1	4,8	6,8
Es leben zu viele Ausländer in Deutschland.	36,5	26,4	20,2	16,9
Wenn Arbeitsplätze knapp werden, sollte man die in Deutschland lebenden Ausländer wieder in ihre Heimat zurück schicken.	53,9	27,9	10	8,2
Juden haben in Deutschland zu viel Einfluss.	63,4	23	8,5	5,2
Durch ihr Verhalten sind Juden an ihren Verfolgungen mit schuldig.	71,7	17,9	7,4	3
Ich hätte Probleme damit, wenn sich Sinti und Roma in meiner Gegend aufhalten.	43,3	25,6	18,9	12,2
Sinti und Roma neigen zur Kriminalität.	31,1	30,6	24,9	13,4
Aussiedler sollten besser gestellt sein als Ausländer, da sie deutscher Abstammung sind.	51,8	27,8	13,9	6,6
Die Weißen sind zu Recht führend in der Welt	71,6	16,3	6,5	5,6

bis hin zur Leugnung der Verbrechen des Nationalsozialismus an Juden ausdrückt und einen Schlussstrich unter das Thema deutsche Schuld ziehen will. Aktuell tritt Antisemitismus in besonderem Maße als »transformierter Antisemitismus« in Erscheinung, in einer sogenannten Umwegkommunikation, nämlich in Form von Kritik an Israel, die viele nicht antisemitisch finden. Der Staat Israel wird dämonisiert und delegitimiert durch die Unterstellung, er handle unberechtigt. Dazu werden antisemitische Stereotype verwendet und Parallelen zu den Greueltaten in der Zeit des Nationalsozialismus gezogen. Es ist also ein auf Israel gerichteter Antisemitismus, der Vergleiche mit den Nationalsozialisten bemüht, womit »die Juden« generell abgewertet werden sollen. Davon zu unterscheiden ist natürlich eine Kritik an Israel, die nicht auf antisemitische Bilder oder Motive rekurriert.

Im Jahr 2004 haben wir im Rahmen der Studien zur Gruppenbezogenen Menschenfeindlichkeit eine zuverlässige Messung der Facetten des transformierten Antisemitismus entwickelt. Sie wurden in der vorliegenden Hauptstudie zunächst nicht berücksichtigt. Die Massivität und die Art der Proteste gegen den Militäreinsatz im Gaza-Gebiet im Sommer 2014 lassen allerdings die Notwendigkeit einer genaueren Betrachtung des Antisemitismus geboten erscheinen. Bei den Protesten wurde deutlich, wie sehr eine antisemitische Israelkritik in allen Bevölkerungsschichten zum Protest gegen das Handeln des Staates Israel herangezogen wurde (siehe auch Zick 2014). Um diese Einstellungen in einen Bericht über die Facetten rechtsextremen Denkens und Gruppenbezogener Menschenfeindlichkeit einzubinden, haben wir vom 7. bis zum 14. September 2014 eine Zusatzumfrage unter 505 Befragten (46,9 % Frauen, 41,4 % Männern) zu verschiedenen Formen des Antisemitismus durchgeführt. Die Stichprobe ist deutlich kleiner als unsere Hauptstichprobe[10], aber in ihrer demografischen Zusammensetzung entspricht sie nach Alter, Geschlecht und Herkunft nahezu einer repräsentativen Stichprobe. Die Erhebung misst noch einmal – aber eben in einer anderen Stichprobe – die beiden Aussagen zum traditionellen Antisemitismus, die damit zur Erhebung im Frühsommer vor den Protesten vergleichbar ist (➠ siehe Tab. 4.1.1, S. 67 f.). Darüber hinaus ist sie in fast allen Facetten vergleichbar mit den Daten der GMF-Erhebung des Jahres 2004, die 10 Jahre zurückliegt. In Tabelle 4.2.1 (➠ siehe S. 70 f.) sind die Häufigkeiten der Zustimmung und Ablehnung zu den drei Messzeitpunkten 2004, Juni 2014 und September 2014 aufgeführt, soweit vergleichbare Daten vorliegen.

10 Die Beantwortung der Fragen zu den zusätzlich erhobenen Formen des Antisemitismus wurde von überdurchschnittlich vielen Befragten bei der Telefonumfrage im September verweigert. In der zur Verfügung stehenden Zeit konnten daher für eine repräsentative Stichprobe nur 500 statt den ursprünglich geplanten 1.000 Interviews erzielt werden.

Zustimmungen und Ablehnungen von Aussagen zu verschiedenen Facetten des Antisemitismus in 2004, im Juni 2014 und im September 2014
(Angaben in Prozent)

Tabelle 4.2.1

Ich stimme … →		… überhaupt nicht zu	… eher nicht zu	… eher zu	… voll und ganz zu
Klassischer Antisemitismus					
Juden haben in Deutschland zu viel Einfluss.	**2004**	43,6	34,9	10,9	6,3
	Juni 2014	63,4	23	8,5	5,2
	Sept. 2014	60	24,7	8,8	6,5
Durch ihr Verhalten sind Juden an ihren Verfolgungen mit schuldig.	**2004**	50,4	32,2	11,1	6,3
	Juni 2014	71,7	17,9	7,4	3
	Sept. 2014	58,6	23,4	12,3	5,7
Sekundärer Antisemitismus					
Ich ärgere mich darüber, dass den Deutschen auch heute noch die Verbrechen an den Juden vorgehalten werden.	**2004**	11,9	19,8	23,8	44,5
	Sept. 2014	28,6	16,5	25,4	29,6
Ich bin es leid, immer wieder von den deutschen Verbrechen an den Juden zu hören.	**2004**	14,6	23,2	20,9	41,3
	Sept. 2014	30	21,2	21,4	27,4
Israelbezogener Antisemitismus					
Durch die israelische Politik werden mir die Juden immer unsympathischer.	**2004**	23,1	45,2	19,1	12,6
	Sept. 2014	51,6	28,4	14	6,1
Bei der Politik, die Israel macht, kann ich gut verstehen, dass man etwas gegen Juden hat.	**2004**	18,9	36,8	28,9	15,5
	Sept. 2014	39,9	32,3	21,6	6,3
NS-vergleichende Israelkritik					
Israel führt einen Vernichtungskrieg gegen die Palästinenser.	**2004**	7,6	24	33,2	35,1
	Sept. 2014	25,9	34,2	25,5	14,4
Was der Staat Israel heute mit den Palästinensern macht, ist im Prinzip auch nichts anderes als das, was die Nazis im Dritten Reich mit den Juden gemacht haben.	**2004**	18,8	30	23,9	27,3
	Sept. 2014	48,6	24,2	16,6	10,5

Ich stimme ... →		... überhaupt nicht zu	... eher nicht zu	... eher zu	... voll und ganz zu
Israelkritische Einstellung					
Ich werde wütend, wenn ich daran denke, wie Israel die Palästinenser behandelt.	**2004**	4	14,2	37,5	44,4
	Sept. 2014	16,6	23,6	30,1	29,7
Es ist ungerecht, dass Israel den Palästinensern Land wegnimmt.	**2004**	3,9	10	34,5	51,5
	Sept. 2014	12	19,4	33	35,6

Die Tabelle macht deutlich, dass sowohl 2004 als auch im September 2014 die neuen Facetten des Antisemitismus sehr viel mehr Zuspruch erhalten als der klassische Antisemitismus. Der klassische Antisemitismus nimmt im Vergleich zu 2004 ab, allerdings nimmt er zwischen Juni und September 2014 – also nach dem Beginn des Gaza-Einsatzes – in der dann gezogenen Stichprobe wieder zu. Juden wird mehr Einfluss und eine Mitschuld an ihrer Verfolgung unterstellt. Besonders deutlich ist der Anstieg in der Zuschreibung einer Mitverantwortung an der Verfolgung von Juden, bei der die Zustimmung nun knapp über dem Wert von 2004 liegt (allerdings statistisch nicht signifikant). Und dies, obwohl in den Medien intensiv über die verbalen und physischen Hass-Taten gegen Juden und jüdische Einrichtungen berichtet wurde.

Noch stärker als die traditionelle Facette findet im September 2014 der sekundäre Antisemitismus Zuspruch. Knapp über 50 % der Befragten tun ihren Ärger darüber kund, dass »den Deutschen die Verbrechen an den Juden vorgehalten werden«. Und noch immer meint fast die Hälfte der Befragten, dass sie es leid seien, »immer wieder von den deutschen Verbrechen an den Juden« zu hören. Hier kommt deutlich eine Schlussstrich-Mentalität zum Ausdruck. Auch der Zuspruch zum israelbezogenen Antisemitismus ist im Vergleich zu 2004 geringer geworden, aber er liegt mit über 20 % der Befragten relativ hoch und deutlich über dem klassischen Antisemitismus. Noch stärker ausgeprägt ist der NS-Vergleich, also der Vergleich des israelischen Handelns mit den Verbrechen der Nationalsozialisten. Fast 40 % meinen, dass Israel einen »Vernichtungskrieg« führe, und mehr als jeder vierte Befragte sieht sogar Parallelen zwischen dem staatlichen Handeln Israels und dem Handeln der Nazis. Weit über die Hälfte der Befragten äußert im September 2014 eine klare Israelkritik, die sich keiner antisemitischen Stereotype oder Bilder bedient. Interessant ist dabei aber, dass die israelkritischen Einstellungen[11] mit der Meinung korrelieren, dass Israel »einen Vernichtungskrieg gegen die Palästinenser« führe (.33***). Das heißt, die Israelkritik, die scheinbar keinen direkten Bezug zum Antisemitismus hat, geht bei einigen Befragten dennoch mit einer hohen Wahrscheinlichkeit einher, einer antisemitischen Aussage zuzustimmen, die den Einsatz gegen palästinensische Terroristen mit dem Handeln der Nazis gegen Juden vergleicht. Hier deutet sich eine Entdifferenzierung von Antisemitismus und Israelkritik an, die nicht unproblematisch ist.

4.3 Gruppenbezogene Menschenfeindlichkeit in demografischen Gruppen

Die Zustimmung zu den Facetten Gruppenbezogener Menschenfeindlichkeit unterscheidet sich in verschiedenen Gruppen der Gesellschaft teilweise erheblich. Wir vergleichen im Folgenden die Zustimmung zu den zwölf Facetten der Gruppenbezogenen Menschenfeindlichkeit in unterschiedlichen demografischen Teilgruppen der Gesellschaft. Dabei beziehen wir uns auf die durchschnittliche Zustimmung der Befragten zu jeweils zwei Aussagen, mit denen wir jede Facette Gruppenbezogener Menschenfeindlichkeit erfasst haben.[12] Von Interesse ist wiederum die Ausprägung der Gruppenbezogenen Menschenfeindlichkeit in Ost- und Westdeutschland, getrennt nach verschiedenen Altersgruppen und nach Geschlecht (➠ siehe Tab. 4.3.1).

Die Verteilung menschenfeindlicher Einstellungen in Tabelle 4.3.1 zeigt, dass diese unter Personen aus Ostdeutschland fast durchgehend stärker verbreitet sind als unter Westdeutschen, auch im Vergleich zum Durchschnitt. Dies gilt nicht für sexistische Einstellungen und für die Abwertung von Menschen mit Behinderung. In dieser Klarheit war das durchaus nicht zu erwarten, denn für Gruppenbezogene Menschenfeindlichkeit im Unterschied zu rechtsextremen

11 Hier als Gesamtmaß, gebildet über eine Mittelwertskala (➠ siehe Glossar) aus den beiden Aussagen zur Israelkritik.

12 Dabei ist die Zustimmung zu einer Dimension dann gegeben, wenn eine Person einen Wert von mindestens 3 auf einer vierstufigen Skala erreicht, also mindestens beiden Aussagen eher zustimmt oder einer Aussage voll und ganz zustimmt und eine Aussage eher ablehnt.

Zustimmung zu den Facetten Gruppenbezogener Menschenfeindlichkeit in Deutschland und differenziert nach Ost- und West (Angaben in Prozent) **Tabelle 4.3.1**

	Gesamt (n = 1.915)	West (n = 1.483)	Ost (n = 385)
Abwertung langzeitarbeitsloser Menschen	47,8	46,3	55,4
Rassismus	8,7	8,1	11
Fremdenfeindlichkeit	20	18,2	26,9
Antisemitismus	8,5	7,8	11,6
Abwertung behinderter Menschen	4,1	4	4
Abwertung homosexueller Menschen	11,8	10,5	15,3
Abwertung wohnungsloser Menschen	18,7	17,1	22,9
Etabliertenvorrechte	38,1	37,6	41,6
Sexismus	10,8	10,9	10,2
Abwertung asylsuchender Menschen	44,3	42,4	52,8
Abwertung von Sinti und Roma	26,6	24,5	35,1
Islamfeindlichkeit	17,5	16	23,5

Einstellungen konnten wir mehrfach zeigen, dass Ostdeutsche der Abwertung zum Beispiel von behinderten Menschen, aber auch von anderen schwachen Gruppen nicht zwangsläufig häufiger zustimmen. Im Jahr 2009 ließen sich beispielsweise keine signifikanten Unterschiede zwischen Ost- und Westdeutschen hinsichtlich antisemitischer, rassistischer und homosexuellenfeindlicher Einstellungen feststellen (siehe Heitmeyer 2009). Auch bei der Abwertung von langzeitarbeitslosen Personen und der Einforderung von Etabliertenvorrechten lagen keine Unterschiede vor, während wir stets eine höhere Fremdenfeindlichkeit bei Befragten aus Ostdeutschland dokumentieren konnten (ebd.).

Immer wieder zeigt sich hingegen die Bedeutung des Bildungsniveaus für Gruppenbezogene Menschenfeindlichkeit. Es gilt: Je höher der formale Abschluss, desto niedriger die Zustimmung zur Gruppenbezogenen Menschenfeindlichkeit. Auch in der Befragung im Jahr 2014 finden wir signifikante Unterschiede zwischen Personen mit und ohne Abitur für alle Facetten Gruppenbezogener Menschenfeindlichkeit (ohne Tab.).

Darüber hinaus ist Gruppenbezogene Menschenfeindlichkeit keinesfalls ein männliches Phänomen (➠ siehe Tab. 4.3.2). Im Gegenteil lässt sich zeigen, dass Frauen fremdenfeindliche Einstellungen und abwertende Einstellungen gegenüber Langzeitarbeitslosen, Obdachlosen sowie Sinti und Roma häufiger vertreten als Männer.

Zustimmung zu den Facetten Gruppenbezogener Menschenfeindlichkeit bei Männern und Frauen (Angaben in Prozent) **Tabelle 4.3.2**

	Männer (n = 905)	Frauen (n = 1.007)
Abwertung langzeitarbeitsloser Menschen	44,6	50,9
Rassismus	9	8,5
Fremdenfeindlichkeit	17,6	22,1
Antisemitismus	9,1	8
Abwertung behinderter Menschen	4,8	3,6
Abwertung homosexueller Menschen	13,2	10,6
Abwertung wohnungsloser Menschen	16,2	21
Etabliertenvorrechte	35,9	40,3
Sexismus	9,3	12,3
Abwertung asylsuchender Menschen	44,3	44,5
Abwertung von Sinti und Roma	22,7	30,2
Islamfeindlichkeit	18,1	17

Frauen sind auch nicht weniger sexistisch eingestellt als Männer sondern mehr. Dieser nicht nur auf den ersten Blick erstaunliche Befund verdeutlicht, dass es auch zahlreiche Frauen gibt, die die häusliche Rolle der Frau positiv sehen und sich auf diese zurückziehen möchten. Männliche Befragte stimmen hingegen häufiger homophoben Aussagen zu.

Mit Blick auf die Verteilung Gruppenbezogener Menschenfeindlichkeit nach Altersgruppen wird – ähnlich wie bei rechtsextremen Einstellungen – deutlich, dass besonders ältere Befragte zur Abwertung tendieren (siehe Tab. 4.3.3).

Zustimmung zu den Facetten Gruppenbezogener Menschenfeindlichkeit in verschiedenen Altersgruppen (Angaben in Prozent) **Tabelle 4.3.3**

	16–30 (n = 379)	**31–60** (n = 899)	**> 60** (n = 594)
Abwertung langzeitarbeitsloser Menschen	57,6	43,2	49
Rassismus	11,6	5,9	11,5
Fremdenfeindlichkeit	20	15,4	27,3
Antisemitismus	6,3	5,5	14,4
Abwertung behinderter Menschen	2,6	3,9	5,7
Abwertung homosexueller Menschen	13,3	5	21
Abwertung wohnungsloser Menschen	16,2	15,2	25,6
Etabliertenvorrechte	30	34,4	49,2
Sexismus	11,2	5,7	18,7
Abwertung asylsuchender Menschen	45,5	41,5	48
Abwertung von Sinti und Roma	20,9	25,6	32
Islamfeindlichkeit	20	14,2	21,3

Nur die Abwertung von langzeitarbeitslosen Menschen wird von Befragten unter 30 Jahren am stärksten vertreten. Dieser Befund könnte dadurch erklärt werden, dass jüngere Menschen in besonderem Maße ökonomistische Wertvorstellungen internalisieren (siehe Groß/Hövermann in diesem Band). Auch die Abwertung von homosexuellen Menschen sowie Rassismus, Fremdenfeindlichkeit, Sexismus und Islamfeindlichkeit finden wir in der Gruppe der Jüngeren häufiger als bei Befragten zwischen 30 und 60 Jahren. Letztere erweisen sich insgesamt als am wenigsten feindselig gegenüber schwachen Gruppen.

Gruppenbezogene Menschenfeindlichkeit ist in unserer Gesellschaft also weit verbreitet und muss insofern als Problem der Mitte dieser Gesellschaft betrachtet werden. Wie in Kapitel 3 mit Blick auf rechtsextreme Einstellungen, haben wir auch analysiert, wie sehr Personen, die sich selbst politisch oder sozioökonomisch in der Mitte verorten, menschenfeindliche Einstellungen vertreten.

Die Selbstverortung in der sozioökonomischen Mitte wird wiederum durch die Selbsteinordnung der Befragten auf der zehnstufigen Oben-Unten Skala erfasst, wobei auch hier Personen mit einem Wert von vier bis sieben als »Mitte« gelten (➠ siehe Kap. 3.1). In Tabelle 4.3.4 ist zu erkennen, dass Befragte, die sich eher der unteren Schicht zuordnen, vielen Facetten Gruppenbezogener Menschenfeindlichkeit häufiger zustimmen. Dies gilt jedoch nicht für die Abwertung von langzeitarbeitslosen Personen, die in allen Schichten verbreitet ist. Allerdings ist die Abwertung von Menschen mit Behinderung und von homosexuellen Menschen bei Befragten, die sich oben verorten, häufiger. Insgesamt zeigt sich – ähnlich wie bei rechtsextremen Einstellungen –, dass Personen, die sich in der mittleren Schicht verorten, am wenigsten feindselig sind. Daher erscheint es auch mit Blick auf Gruppenbezogene Menschenfeindlichkeit als problematisch, wenn die sozioökonomische Mitte schrumpft (➠ siehe Tab. 4.3.4).

Als politische Mitte bezeichnen wir Personen, die sich selbst politisch weder rechts noch links, sondern in der Mitte verorten (➠ siehe Kap. 3.1). Hier ist noch deutlicher als bei rechtsextremen Einstellungen zu erkennen, dass Ressentiments gegenüber schwachen Gruppen bis weit in die politische Mitte hineinreichen. Selbst bei Personen, die sich links oder eher links positionieren, stoßen menschenfeindliche Einstellungen, etwa die Abwertung von langzeitarbeitslosen oder asylsuchenden Menschen, auf breite Zustimmung. Zwar ist auch hier gruppenbezogene Menschenfeindlichkeit unter politisch rechts stehenden Befragten am weitesten verbreitet, die Abwertung schwacher Gruppen zieht sich jedoch durch alle politischen Lager (➠ siehe Tab. 4.3.5, S. 77 f.).

Zustimmung zu den Facetten Gruppenbezogener Menschenfeindlichkeit nach sozioökonomischer Selbstverortung (Angaben in Prozent) **Tabelle 4.3.4**

	Unten (n = 140)	**Mitte** (n = 1.609)	**Oben** (n = 159)
Abwertung langzeitarbeitsloser Menschen	48	47,7	49,3
Rassismus	13,1	7,9	11,9
Fremdenfeindlichkeit	37,5	18,3	20,9
Antisemitismus	18,5	7,6	9,7
Abwertung behinderter Menschen	2,3	4	7,8
Abwertung homosexueller Menschen	15,1	10,9	18,6
Abwertung wohnungsloser Menschen	24,5	18,2	18,7
Etabliertenvorrechte	50,3	37,5	33,1
Sexismus	21,7	9,6	13,2
Abwertung asylsuchender Menschen	55,2	43,5	43,5
Abwertung von Sinti und Roma	32	26,1	27,8
Islamfeindlichkeit	27,1	16,1	22,1

Zustimmung zu den Facetten Gruppenbezogener Menschenfeindlichkeit nach politischer Selbstverortung (Angaben in Prozent) **Tabelle 4.3.5**

	links, eher links (n = 470)	**genau in der Mitte** (n = 1.107)	**rechts, eher rechts** (n = 245)
Abwertung langzeitarbeitsloser Menschen	30,8	51,2	63
Rassismus	3,6	8,6	17,3
Fremdenfeindlichkeit	7,1	19,8	40,4
Antisemitismus	4,1	8,6	15,2
Abwertung behinderter Menschen	1,1	4	11,7
Abwertung homosexueller Menschen	6,9	11,1	18,9
Abwertung wohnungsloser Menschen	9,5	20	24,5
Etabliertenvorrechte	22,5	39,7	55

	links, eher links (n = 470)	genau in der Mitte (n = 1.107)	rechts, eher rechts (n = 245)
Sexismus	4,2	10,2	22,3
Abwertung asylsuchender Menschen	26,1	47,7	59,5
Abwertung von Sinti und Roma	18,6	26,5	42,6
Islamfeindlichkeit	7,7	17,9	32,3

4.4 Entwicklungen Gruppenbezogener Menschenfeindlichkeit seit 2002

Im Anschluss an die letzte Erhebung des Instituts für Interdisziplinäre Konflikt- und Gewaltforschung im Jahr 2011 sind zwölf Facetten der Gruppenbezogenen Menschenfeindlichkeit erhoben worden. Wir können nunmehr über einen Zeitraum von zwölf Jahren von deren Ausmaßen und Entwicklung berichten. In Abbildung 4.4 sind die jährlichen prozentualen Zustimmungen in der Gesamtbevölkerung zu sehen (➠ siehe Abb. 4.4, S. 80 f.).

Vor dem Hintergrund der gesellschaftlichen Entwicklungen und Debatten können bestimmte Facetten Gruppenbezogener Menschenfeindlichkeit Teil des Syndroms werden, wenn die Gleichwertigkeit der entsprechenden Gruppe in der Gesellschaft besonders in Frage gestellt wird. Durch das Aufkommen der Hartz IV-Debatten und das Inkrafttreten der entsprechenden Gesetzgebung im Jahr 2005 wurde beispielsweise die Gleichwertigkeit von arbeitslosen Personen im öffentlichen Diskurs massiv angezweifelt. Bezeichnend hierfür ist beispielsweise die Äußerung des damaligen Bundesministers für Wirtschaft und Arbeit, Wolfgang Clement (damals SPD). Mit Bezug auf vermeintliche Leistungsmissbräuche von arbeitslosen Personen sagte dieser: »Biologen verwenden für Organismen, die zeitweise oder dauerhaft zur Befriedigung ihrer Nahrungsbedingungen auf Kosten anderer Lebewesen – ihren Wirten – leben, übereinstimmend die Bezeichnung ›Parasiten‹.« (BMWA 2005: 10).

Im Zuge dieser Entwicklungen ab dem Jahr 2007 wurde die Abwertung von arbeitslosen Personen als neue Facette im Rahmen des Syndroms Gruppenbezogener Menschenfeindlichkeit erhoben. Dementsprechend sind die Werte für die Abwertung von langzeitarbeitslosen Menschen auch erst seit 2007 abgebildet. Ähnlich verhält es sich mit der Abwertung von Sinti und Roma und mit der Abwertung von asylsuchenden Menschen. Auf Grund der Diskussionen 2013/2014 über das Recht der Arbeitnehmer_innenfreizügigkeit für rumänische und bulgarische Staatsangehörige ab Januar 2014 sowie durch Debatten über Asylsuchende in Europa, die durch die Flüchtlingskatastrophe vor der italienischen Insel Lampedusa im Oktober 2013 ausgelöst wurden, geriet die Gleichwertigkeit von asylsuchenden Personen wie auch von Roma und Sinti immer stärker in Bedrängnis. Hierfür gaben insbesondere Besitzstandsängste der Bevölkerung den Ausschlag. Diese beiden Facetten fließen bereits seit 2011 in die Analyse des Syndroms der Gruppenbezogenen Menschenfeindlichkeit ein, die Werte können also ab 2011 dargestellt werden. Die Abwertung von wohnungslosen, behinderten und homosexuell orientierten Personen ist erst ab dem Jahr 2005 so differenziert erhoben worden, dass die Messungen mit der vorliegenden Studie vergleichbar sind. Dementsprechend sind die Werte für diese Gruppen auch erst ab 2005 in Abbildung 4.2 zu sehen.[13] Islamfeindliche Einstellungen wurden erst ab dem Jahr 2003 erhoben, zwei Jahre nach dem Signalereignis »9/11« (2001), durch das eine Umstellung von ethnischen Kategorien, zum Beispiel Türken, auf religiöse, nämlich Muslime entstanden ist. Damit einher ging eine Homogenisierung der Kategorie Islam, weil zunehmend nicht mehr zwischen politischem Islam beziehungsweise Islamismus und dem Islam als Religion unterschieden wurde.

Bei genauer Betrachtung der jährlich und repräsentativ durchgeführten Umfragen unter Bundesbürgerinnen und Bundesbürgern entsteht der Eindruck, dass viele soziale Gruppen seit 2002 kontinuierlich von der Mitte der Gesellschaft als ungleichwertig betrachtet werden. Die Zustimmung zu menschenfeindlichen

13 Die Werte für die Abwertung von homosexuellen, obdachlosen und behinderten Personen unterscheiden sich leicht von den bisherigen Publikationen in den Deutschen Zuständen. Für unsere aktuelle Erhebung wurden nur die beiden Fragen mit den besten statistischen Kennwerten ausgewählt. Zur Vergleichbarkeit mit den Werten der vorhergehenden Jahre wurden die Werte für die Abwertung dieser drei Gruppen dementsprechend für die vorhergehenden Jahre neu berechnet, was die Abweichungen der Werte zu denen in den bisherigen Publikationen zur Gruppenbezogenen Menschenfeindlichkeit erklärt.

Entwicklung Gruppenbezogener Menschenfeindlichkeit in der Bevölkerung 2002–2014 (Angaben in Prozent) **Grafik 4.4 (a + b)**

Grafik 4.4a

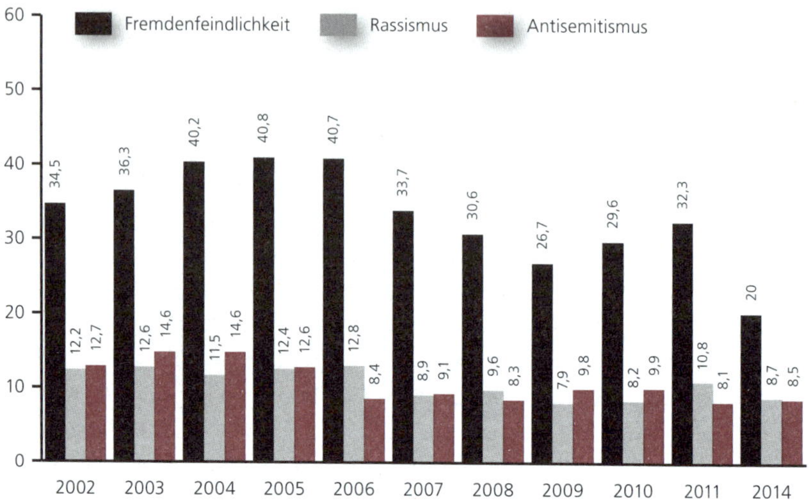

Grafik 4.4b

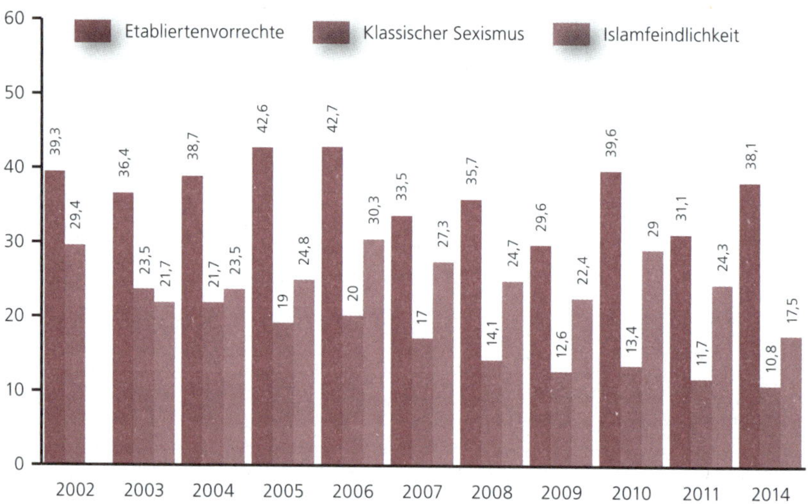

Entwicklung Gruppenbezogener Menschenfeindlichkeit in der Bevölkerung 2002–2014 (Angaben in Prozent) **Grafik 4.4 (c + d)**

Grafik 4.4c

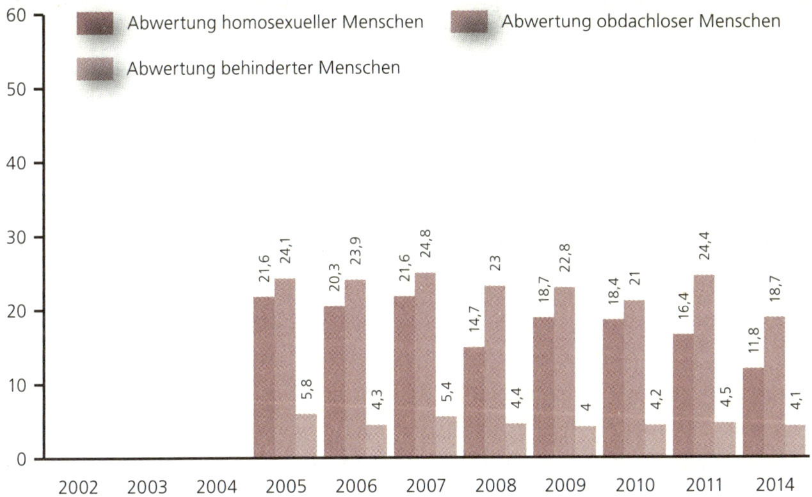

Grafik 4.4d

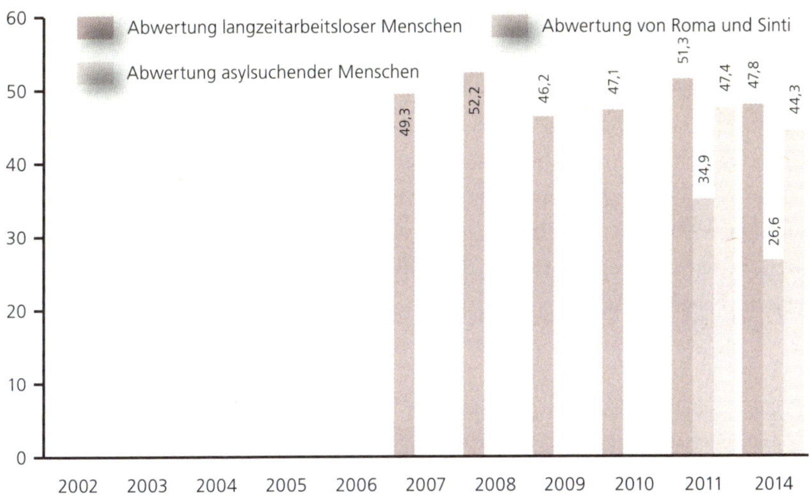

Meinungen folgt keinem einfachen linearen Auf- oder Abwärtstrend. Die Konjunktur der Menschenfeindlichkeit wird durch soziale Prozesse der Integration und Desintegration von Gruppen beeinflusst, die durch historische Ereignisse immer wieder zur Disposition gestellt werden können. Die meisten Abwertungen von Gruppen schwanken seit dem ersten Erhebungszeitpunkt der Gruppenbezogenen Menschenfeindlichkeit, mit einigen Auf- und Abwärtsbewegungen. Um die Trends zu bewerten und ihren Ursachen genauer nachzugehen, ist der Referenzpunkt wichtig, mit dessen Hilfe die Menschenfeindlichkeit betrachtet wird.[14] Der Trend, Etabliertenvorrechte zu befürworten, indem alle, die neu hinzugekommen sind, abgewertet werden, stellt eine Art »Prototyp« des Vorurteils dar (Elias & Scotson 1965) und weist darauf hin, wie menschenfeindliche Meinungen durch historische Ereignisse geprägt werden können. In Folge der ökonomischen Krise 2008 stieg das Geltendmachen von Etabliertenvorrechten an, wobei die Krise das Gefühl hervorgerufen haben dürfte, der eigene Status sei durch neu Hinzugekommene bedroht. Nach dem Abflauen der Krisenfolgen nahm auch die Befürwortung der besitzstandswahrenden Etabliertenvorrechte in der Bevölkerung zunächst wieder ab. In der jetzigen Untersuchung von 2014 beobachten wir hier erneut eine signifikante Zunahme. Möglicherweise besteht ein Zusammenhang mit den öffentlich debattierten Ängsten vor einem »Ansturm« billiger Arbeitskräfte aus Rumänien oder Bulgarien im Zuge der Arbeitnehmer_innenfreizügigkeit. Diese Zunahme läuft den aktuellen Trends bei den anderen Facetten Gruppenbezogener Menschenfeindlichkeit allerdings zuwider. In der diesjährigen Erhebung wurde fast allen anderen Facetten signifikant weniger zugestimmt als noch im Jahr 2011. Dieser Trend ist unerwartet, ähnelt aber demjenigen, den wir – vergleichbar mit Decker/Kiess/Brähler (2014) – für die Zustimmung zu rechtsextremen Meinungen im Jahr 2014 beobachten: Die Zustimmungsraten nehmen insgesamt stark ab, lediglich Antisemitismus, Sexismus und die Abwertung von behinderten Menschen bleiben relativ konstant.

14 Absolute Vergleiche zwischen den Facetten Gruppenbezogenen Menschenfeindlichkeit, wie z. B. Antisemitismus ist insgesamt geringer als Islamfeindlichkeit, sind nicht geboten, da die Aussagen zur Erfassung der Gruppenbezogenen Menschenfeindlichkeit unterschiedlich hart bzw. weich formuliert sind. Relative Vergleiche hingegen, wie z. B. im Jahr 2002 wurde den antisemitischen Aussagen weniger zugestimmt als im Jahr 2009, sind möglich.

4.5 Menschenfeindliche Zustände?

Die Ergebnisse der repräsentativen Umfrage legen zunächst zwei Fragen nahe: Wie lässt sich der Rückgang erklären? Warum steigt die Einforderung von Etabliertenvorrechten als einzige Facette der Gruppenbezogenen Menschenfeindlichkeit signifikant an?

Eine naheliegende Erklärung ist jene, die schon zu den rechtsextremen Einstellungen präsentiert wurde (➠ siehe Kap. 3). Die öffentlichen Diskussionen um die NPD und die Terrorzelle NSU sowie ihre Ächtung auf vielen Ebenen der Gesellschaft und nicht zuletzt die Erkenntnis darüber, wie ungestört die Attentäter agieren konnten, haben die Öffentlichkeit sensibilisiert für die Menschenfeindlichkeit, die dem Rechtsextremismus innewohnt. Ähnlich wie bei einzelnen Facetten der Gruppenbezogenen Menschenfeindlichkeit eine gesellschaftliche Ächtung dazu führte, dass sie kontinuierlich an Zustimmung einbüßten – wie zum Beispiel mit Blick auf klassischen Antisemitismus, Sexismus und Feindseligkeiten gegenüber homosexuell orientierten Menschen –, scheinen die öffentliche Sensibilisierung und die Investitionen in zahlreiche Projekte der politischen Bildungsarbeit auch die Vorurteilsbereitschaft insgesamt positiv beeinflusst zu haben. Das gilt hier mit Blick auf offen negative und abwertende Einstellungen, wie wir sie gemessen haben.

An dieser Stelle führt der Forschungsansatz zur Gruppenbezogenen Menschenfeindlichkeit zu einer dritten Frage: Weist der Trend in Richtung einer gleichwertigeren Gesellschaft oder suchen sich die Vorurteile lediglich neue Kanäle, durch die die alten Vorurteile heute »sagbarer« werden? Diese Frage lässt sich letztlich nur durch eine stetige Beobachtung der Gruppenbezogenen Menschenfeindlichkeit in der deutschen Bevölkerung beantworten. Der starke und signifikante Anstieg des Prototyps aller Vorurteile, der Einforderung von Etabliertenvorrechten, kann als Hinweis gedeutet werden, dass sich die Vorurteile nicht verflüchtigen, sondern verstecktere, subtilere und normativ weniger klare Kanäle suchen. Da Etabliertenvorrechte sich nicht auf die Abwertung einer konkreten Gruppe beziehen, sind sie weniger gut als Vorurteil zu identifizieren und werden nicht offensichtlich als Meinung des rechtsextremen Spektrums wahrgenommen.

Die Ergebnisse zeigen aber bei allen Rückläufigkeiten auch, dass Gruppenbezogene Menschenfeindlichkeit in allen Teilgruppen der Gesellschaft weit verbreitet bleibt. Feindseligkeiten finden wir in Ost- wie Westdeutschland, bei Jüngeren und Älteren, bei Männern wie Frauen und in der sozioökonomischen und der politischen Mitte unserer Gesellschaft. Den größten Einfluss können wir der Bildung zuschreiben, wobei hier unterschiedliche Interpretationen darüber existieren, warum formal höher gebildete Menschen in Umfragen weniger menschenfeindlich sind oder erscheinen (siehe Heyder 2003; Zick 1997). Die kalte Abwertung von Arbeitslosen, denen negative Eigenschaften zugeschrieben werden, die vermeintliche Überfremdung durch Muslime und die mehrheitliche Distanz gegenüber Asylbewerberinnen und -bewerbern deuten an, dass scheinbar harmlosere Feindseligkeiten in der Mitte akzeptiert werden. Der Anstieg der Feindseligkeit gegenüber Außenseitern, die sich in den Etabliertenvorrechten manifestiert, deutet auch darauf hin, dass die Akzeptanz generalisierender negativer Meinungen Grenzen, die über gesellschaftliche Normen gesetzt wurden, auch überschreiten kann. Die öffentliche Verurteilung des Rechtsextremismus nach dem Aufdecken des NSU kann eine starke soziale Norm gegen rechtsextreme Einstellungen etabliert haben, so dass die Kommunikationslatenz, wie sie Bergmann/Erb (1986) im Hinblick auf antisemitische Einstellungen beschrieben haben, inzwischen weitere Facetten der Gruppenbezogenen Menschenfeindlichkeit erreicht hat. Wäre dies der Fall, so dürften wir nicht von einem »echten« Rückgang der Menschenfeindlichkeit sprechen, sondern nur von einer »versteckteren« Abwertung.

Festzuhalten bleibt, dass Gruppenbezogene Menschenfeindlichkeit wegen der Verbreitung in allen gesellschaftlichen Teilgruppen immer als Problem der gesamten Gesellschaft gesehen werden muss. Wenn Gruppenbezogene Menschenfeindlichkeit mit ihren verschiedenen Facetten ein niedrigschwelliges Einfallstor für Rechtsextremismus darstellt, dann bedeuten die Ergebnisse der vorliegenden Studie, dass Rechtsextremismusprävention im Sinne einer breit angelegten Demokratiebildung verstanden und intensiv fortgesetzt werden muss.

5 Mitten in einer entleerten Demokratie?

Anna Klein

Die Demokratie in Deutschland scheint sich in einem ambivalenten Zustand zu befinden. Einerseits zeigt sie sich durchaus lebendig, erleben wir doch ein zunehmendes Interesse an bürgerschaftlichem Engagement, das als Zeichen einer vitalen demokratischen Kultur gewertet werden kann (Roth 2010; kritisch Wagner 2013). Andererseits fühlen sich Bürgerinnen und Bürger immer schlechter repräsentiert und wenden sich von der parlamentarischen Politik ab, was sich zum Beispiel in Wahlenthaltung und einer verbreiteten Unzufriedenheit mit der Demokratie äußert (Embacher 2009; Klein & Heitmeyer 2010). Dies ist auch in aktuellen Krisendiagnosen wie der »Postdemokratie« (Crouch 2008) oder »Demokratieentleerung« (Heitmeyer 2001) beschrieben worden. Demnach werden demokratische Entscheidungsprozesse zunehmend von ökonomischen Interessen dominiert, während andere Interessen kaum mehr durchsetzungsfähig sind (siehe zur Ökonomisierung auch den Beitrag von Groß/Hövermann in diesem Band).

Die Interpretationen der Unzufriedenheit mit der Demokratie und den politischen Eliten in der Bevölkerung fallen entsprechend unterschiedlich aus: Handelt es sich um eine problematische Entwicklung, weil Bürgerinnen und Bürger zunehmend politisch entfremdet und politikverdrossen sind und sich sukzessive von demokratischer Politik ab- und rechtspopulistischen Strömungen zuwenden (Klein & Heitmeyer 2010; Decker & Brähler 2006; Schäfer 2009)? Oder ist nicht vielmehr das kritische Begleiten von politischen Eliten und politischen Entscheidungen gerade eine Bürgerpflicht in der parlamentarischen Demokratie, die darauf angewiesen ist, dass zum Beispiel politische Eliten von der Bevölkerung kontrolliert werden (Norris 1999; Geißel 2004)? Sind es nicht gerade die kritischen Bürgerinnen und Bürger, die sich einbringen und für die

Demokratie engagieren? Kritik wird hier als Unzufriedenheit mit der Performanz der Demokratie verstanden und als Indikator für politische Wachsamkeit der Bürgerinnen und Bürger betrachtet (Geißel 2006; Niedermayer 2001).

Der Frage, ob kritische Einstellungen zur Demokratie eine Gefährdung der Demokratie bedeuten, weil sie mit einer Ablehnung von demokratischen Grundwerten (Gleichwertigkeit, Gewaltfreiheit, Partizipation) einhergehen, oder ob sie nicht vielmehr auch ein Potential für eine »Demokratisierung der Demokratie« sein können, weil sie gerade diese Grundwerte stützen, wird in diesem Beitrag nachgegangen. Dazu werden verschiedene Arten einer kritischen Einstellung zur Demokratie unterschieden, darunter solche, die sich eher auf wirtschaftliche und zivilgesellschaftliche Akteure beziehen, und solche, die sich auf die Demokratie allgemein und die politischen Eliten beziehen.

In einem ersten Schritt werden die verschiedenen Arten der Demokratiekritik vorgestellt, und es wird berichtet, in welchem Umfang diesen in Deutschland zugestimmt wird. In einem zweiten Schritt widmen wir uns der Frage, welche dieser demokratiekritischen Einstellungen mit Ideologien der Ungleichwertigkeit zusammenhängen, die Bestandteil rechtsextremer Orientierungen sind. Solche Kritiken könnten dann nicht als Potential für die Demokratie verstanden werden. Ebenso müssten drittens kritische Einstellungen, die mit Gewaltbilligung und Gewaltbereitschaft in Verbindung stehen, eher als Gefahr für die Demokratie denn als demokratieförderlich bezeichnet werden. Schließlich stellt sich die Frage, welche demokratiekritischen Einstellungen mit einem hohen Partizipationsniveau in Verbindung stehen. Sind es eher die mit Ungleichwertigkeitsvorstellungen und Gewaltakzeptanz einhergehenden Kritiken, die die Menschen zu Protesten animieren? Können wir dann von Protesten ein Demokratisierungspotential erwarten?

5.1 Ausmaße der Demokratiekritik

Im Folgenden unterscheiden wir fünf verschiedene Arten der Demokratiekritik. Diese basieren auf dem theoretischen Modell einer »Demokratieentleerung« (Heitmeyer 2001). Die These einer Demokratieentleerung identifiziert fünf Facetten der Entleerung, wobei Entleerung hier meint, dass es zu einem Qualitätsverlust innerhalb der Demokratie kommt, die formal jedoch stabil bleibt (siehe Klein & Heitmeyer 2011). Der Qualitätsverlust zeigt sich zunächst in einer *Demokratieermäßigung*: Politische Entscheidungen werden vermehrt an den Interessen ökonomisch starker Gruppierungen ausgerichtet, während der Einfluss der übrigen Bevölkerung schwindet. Die *Demokratieaushöhlung* bezeichnet die Einschränkung von Freiheitsrechten im Sinne verstärkter Kontrolle und Überwachung. Die *Demokratievernachlässigung* beschreibt einen Qualitätsverlust der Demokratie, wenn von Seiten der Zivilgesellschaft die Bereitschaft, sich zu engagieren, nachlässt. Unter *Demokratiemissachtung* verstehen wir ein Verhalten politischer Eliten, dass mit einem geringen Unrechtsbewusstsein einhergeht und Ausdruck in Parteispendenskandalen, Korruption und verdecktem Lobbyismus findet. Schließlich ist die Qualität der Demokratie beeinträchtigt, wenn immer mehr Menschen *Demokratiezweifel* haben, also die Funktionsfähigkeit der Demokratie in Frage stellen (siehe ebd.).

Anhand dieser fünf Facetten der Demokratieentleerung unterscheiden wir nun fünf Arten der Kritik. Dies hat den Vorteil, dass nicht nur eine allgemeine Zufriedenheit mit der Demokratie und den politischen Eliten berücksichtigt wird, sondern auch weitere Akteure und Politikfelder. Neben allgemeinen Zweifeln an der Funktionsfähigkeit der Demokratie (Demokratiezweifel) und Unzufriedenheit mit den politischen Eliten (Demokratiemissachtung durch Eliten) gerät auch die Beurteilung anderer Akteure demokratischer Politik in den Fokus, nämlich die der Wirtschaft (Demokratieermäßigung) und der Zivilgesellschaft (Demokratievernachlässigung). Zudem interessiert die Frage, inwieweit zunehmende Überwachung und die Einschränkung von Bürgerrechten kritisiert werden und ob solche Kritik als Potential für die Demokratie verstanden werden kann. Erst dadurch wird eine Differenzierung nach verschiedenen Inhalten demokratiekritischer Einstellungen möglich, die auf ihre Bedeutung für demokratische Grundwerte wie Gleichwertigkeit, Gewaltfreiheit und Partizipationsbereitschaft untersucht werden können, anstatt kritische Einstellungen zur Funktionsweise der Demokratie grundsätzlich zu problematisieren.

Um dies zu erreichen, wurden den Befragten fünf demokratiekritische Aussagen präsentiert, denen jeweils zugestimmt oder nicht zugestimmt werden konnte. In Tabelle 5.1 sind die jeweiligen Aussagen und die Zustimmung in Prozent abgetragen. Es wird deutlich, dass die überwiegende Mehrheit der Bevölkerung der Aussage »Politiker nehmen sich mehr Rechte heraus als normale Bürger« zustimmt. Auch der Aussage »Die demokratischen Parteien zerreden alles und lösen die Probleme nicht« wird insgesamt von fast Dreiviertel der Befragten zugestimmt. Allgemeine Zweifel an der Demokratie sind also verbreitet, die Kritik am Verhalten der Politiker ist noch häufiger. Ebenfalls hohe Zustimmung erfährt die Aussage »Letztendlich entscheidet die Wirtschaft in unserem Land und nicht die Politik«. Demnach ist eine deutliche Mehrheit von 75 % davon überzeugt, dass zu viele Entscheidungen an wirtschaftlichen Interessen ausgerichtet werden. Diese Kritik wird auch in den Sozial- und Politikwissenschaften häufig geteilt und ist Kern der zeitdiagnostischen These einer »Postdemokratie« (Crouch 2008). Kaum weniger Zustimmung erfährt die Aussage »Gegen soziale Missstände wird in Deutschland zu wenig protestiert.« Hier stimmen 74 % der Befragten zu. Eine Demokratievernachlässigung durch die Zivilgesellschaft wird also ebenfalls von einer großen Mehrheit der Befragten kritisiert, obwohl populäre Protestereignisse wie etwa Stuttgart 21 durchaus für eine protestbereite Bevölkerung in Deutschland sprechen. Deutlich weniger kritisch gesehen werden die Einschränkung von Freiheitsrechten und die Ausweitung von Überwachung. Doch selbst hier stimmt eine knappe Mehrheit zu. Insgesamt sind demokratiekritische Einstellungen in der Bevölkerung also verbreitet und allen fünf Kritikvarianten wird mehrheitlich zugestimmt, wobei Befragte aus Ostdeutschland nur geringfügig häufiger zustimmen, als Befragte aus Westdeutschland (➠ siehe Tab. 5.1).

Da dieselben Aussagen auch bereits in der Studie zur Gruppenbezogenen Menschenfeindlichkeit (GMF) im Jahr 2003 und im Jahr 2008 erhoben wurden (siehe Heitmeyer & Mansel 2003; Klein, Küpper & Zick 2009), lässt sich auch die Entwicklung der Zustimmung darstellen. In Abbildung 5.1 (➠ siehe S. 90) ist für jede Aussage dargestellt, wie sich die Zustimmung verändert hat. Lediglich für die Aussage »Der Staat schränkt die Freiheit der Bürger mehr und mehr ein« liegt uns im Jahr 2008 kein Wert vor.

Die Abbildung 5.1 zeigt, dass alle Varianten der Demokratiekritik rückläufig sind, wenngleich ihnen nach wie vor mehrheitlich zugestimmt wird. Besonders stark ist der Rückgang der Kritik am Verhalten politischer Eliten zu beobachten, bei den allgemeinen Demokratiezweifeln konnten wir bereits zwischen 2003

Zustimmung zu unterschiedlichen Varianten der Demokratiekritik
(Angaben in Prozent) **Tabelle 5.1**

Ich stimme … →	**… eher zu**	**… voll und ganz zu**	**Zustimmung insgesamt**
Demokratiezweifel: »Die demokratischen Parteien zerreden alles und lösen die Probleme nicht«	37,6	35,5	73,1
Demokratiemissachtung durch politische Eliten: »Politiker nehmen sich mehr Rechte heraus als normale Bürger«	30,6	45	75,6
Demokratieermäßigung: »Letztendlich entscheidet die Wirtschaft in unserem Land und nicht die Politik«	37,1	37,5	74,6
Demokratievernachlässigung: »Gegen soziale Missstände wird in Deutschland zu wenig protestiert«	30,3	43,8	74,1
Demokratieaushöhlung: »Der Staat schränkt die Freiheit der Bürger mehr und mehr ein«	29,2	27,2	56,4

und 2008 eine rückläufige Tendenz ausmachen. Aber auch die Kritik an der Dominanz der Ökonomie und der Demokratievernachlässigung durch die Zivilgesellschaft wird im Vergleich zu den Jahren 2003 und 2008 etwas seltener geäußert (➠ siehe Abb. 5.1, S. 90).

5.2 Kritik an Demokratie und Gleichwertigkeit

Welche Kritik geht nun mit der Akzeptanz demokratischer Grundwerte einher und welche Kritik kann eher als Gefahr für die Demokratie betrachtet werden? Um diese Frage zu beantworten blicken wir zunächst auf die (Un-) Gleichwertigkeit. Zeigt sich bei Befragten, die demokratiekritische Einstellungen haben, eine höhere Anfälligkeit für Ideologien der Ungleichwertigkeit? Oder sind demokratiekritische Bürgerinnen und Bürger eher an Gleichwertigkeit orientiert? Ob kritische Bürgerinnen und Bürger am Grundwert der Gleichwertigkeit orientiert sind oder nicht, können wir prüfen, indem wir ihre Zustimmung zu verschiedenen Facetten Gruppenbezogener Menschenfeindlichkeit (GMF) betrachten.

Entwicklung der Zustimmung zu unterschiedlichen Varianten der Demokratiekritik
(Angaben in Prozent) **Grafik 5.1**

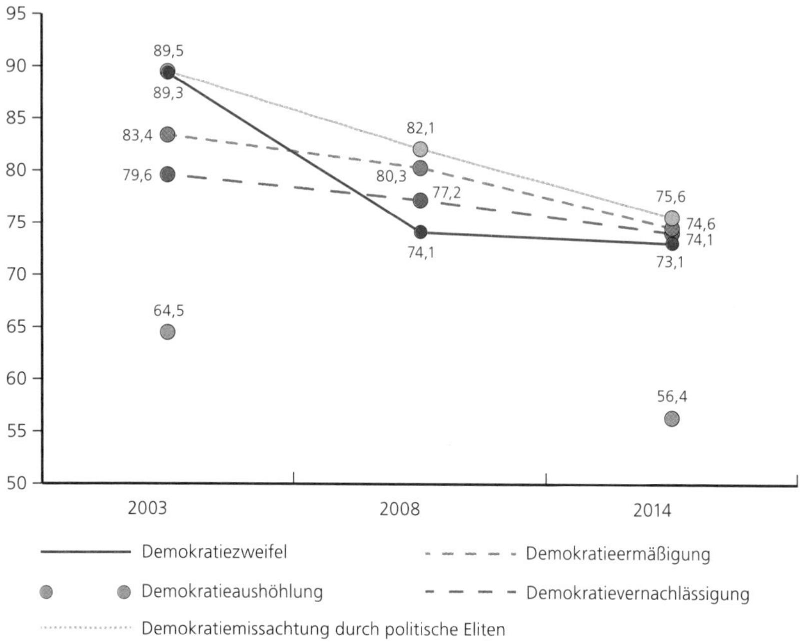

Dabei zeigt sich, dass nicht jede demokratiekritische Einstellung mit höherer Zustimmung zur GMF einhergeht. Dies gilt vielmehr nur für allgemeine Demokratiezweifel, für die Kritik an politischen Eliten und bei einigen Facetten der GMF auch für die Kritik an der Einschränkung von Freiheitsrechten. Die folgenden Abbildungen 5.2.1 bis 5.2.4 (➠ siehe S. 91–93) zeigen die Ergebnisse für ausgewählte Elemente der Gruppenbezogenen Menschenfeindlichkeit.

Bei Personen, die allgemeine Demokratiezweifel haben, ist die Zustimmung zu rassistischen Aussagen höher als im Bevölkerungsdurchschnitt. Noch deutlicher zeigt sich dies bei Personen, die eine pauschale Kritik an Politikern üben. Dies ist häufig auch ein Ansatzpunkt rechtspopulistischer Politiker, die sich gezielt

Zustimmung zu rassistischen Aussagen bei demokratiekritischen Personen
(Angaben in Prozent) **Grafik 5.2.1**

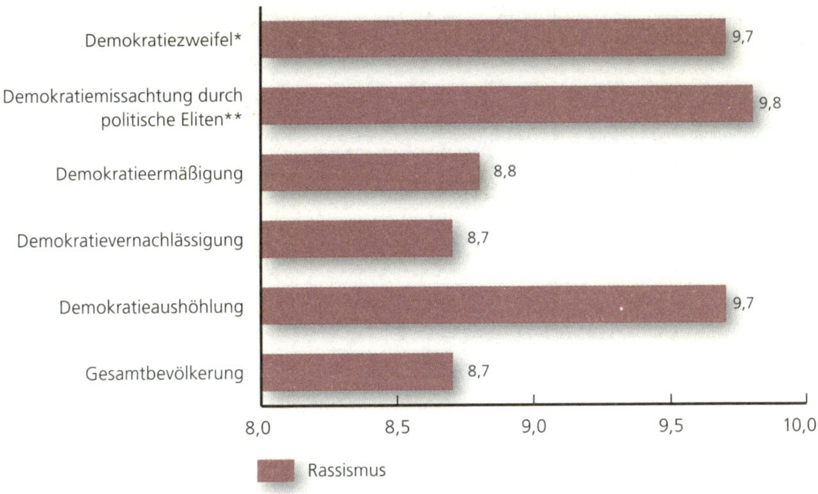

als »Saubermann«, rechtschaffen und bürgernah geben und sich so von Politikern demokratischer Parteien abgrenzen.

Bezieht sich die Kritik hingegen auf die Wirtschaft und die Einschätzung, dass sich Politik zu sehr an deren Interessen ausrichte, so geht dies nicht mit höherer Zustimmung zum Rassismus einher. Auch die Kritik an einer Demokratievernachlässigung steht nicht mit rassistischen Meinungen in Verbindung. Bürgerinnen und Bürger, die eine Einschränkung von Freiheitsrechten kritisieren, stimmen rassistischen Aussagen allerdings ebenfalls häufiger zu als solche, die diese Kritik nicht teilen.

Ein ähnliches Muster finden wir mit Blick auf islamfeindliche Einstellungen (➠ siehe Abb. 5.2.2, S. 92). Auch hier haben Personen, die an der Funktionsfähigkeit der Demokratie zweifeln, signifikant höhere Werte. Kritische Einstellungen zum Verhalten politischer Eliten gehen ebenfalls mit höherer Zustimmung zur Islamfeindlichkeit einher. Wiederum ist die Kritik an der Wirtschaftsdominanz und an der geringen Aktivität der Zivilgesellschaft nicht

Zustimmung zu islamfeindlichen Aussagen bei demokratiekritischen Personen
(Angaben in Prozent)
Grafik 5.2.2

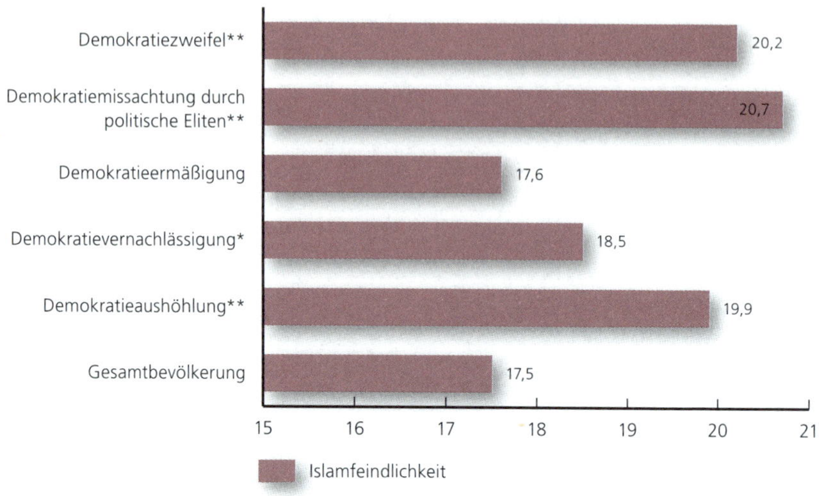

mit Islamfeindlichkeit verbunden. Auch die Kritik an der zunehmenden Überwachung ist nicht mit islamfeindlichen Einstellungen verknüpft.

Noch deutlicher zeigen sich diese Muster mit Blick auf abwertende Einstellungen gegenüber Langzeitarbeitslosen (➠ siehe Abb. 5.2.3). Diese Bevölkerungsgruppe wird von Personen mit allgemeinen Demokratiezweifeln signifikant häufiger abgewertet als von Personen, die solche Demokratiezweifel nicht haben. Auch Personen, die meinen, dass politische Eliten die Demokratie missachten, stimmen dieser Abwertung wesentlich häufiger zu. Kritik an der Demokratievernachlässigung durch die Zivilgesellschaft und an der Dominanz der Wirtschaft steht hingegen nicht in Zusammenhang mit der Abwertung von langzeitarbeitslosen Personen.

Schließlich können wir das Muster auch bei abwertenden Einstellungen gegenüber Asylbewerbern wiederfinden (➠ siehe Abb. 5.2.4).

Zustimmung zur Abwertung von Langzeitarbeitslosen bei demokratiekritischen Personen (Angaben in Prozent) **Grafik 5.2.3**

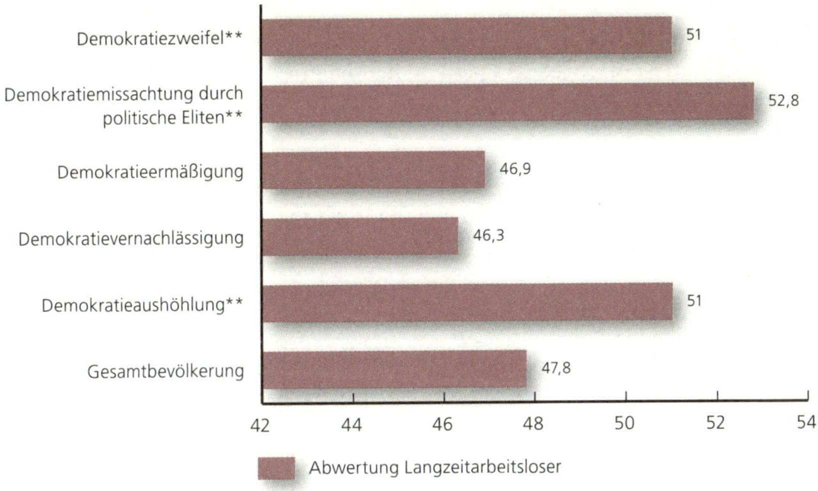

Zustimmung zur Abwertung von Asylbewerbern bei demokratiekritischen Personen (Angaben in Prozent) **Grafik 5.2.4**

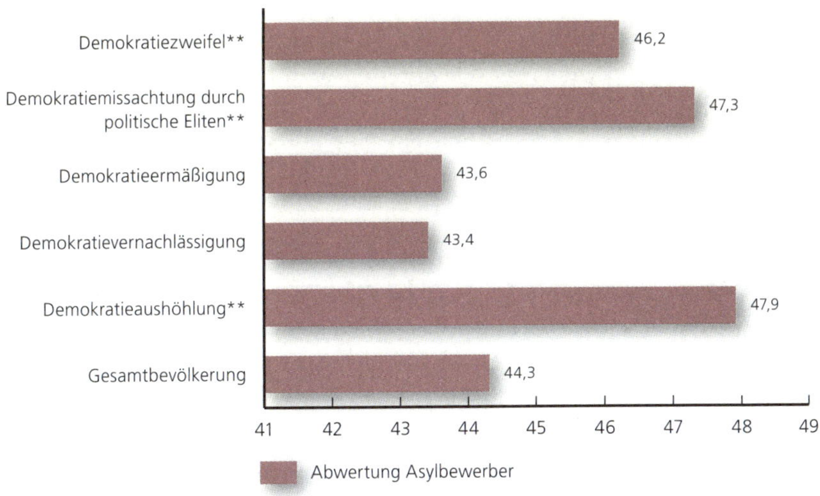

Bei den weiteren Facetten der Gruppenbezogenen Menschenfeindlichkeit zeigt sich ganz überwiegend das gleiche Muster: Allgemeine Demokratiezweifel und pauschale Kritik an politischen Eliten gehen mit einer Ideologie der Ungleichwertigkeit einher, kritische Einstellungen zur Übermacht der Ökonomie und zur Demokratievernachlässigung durch die Zivilgesellschaft sind hingegen nicht mit Ungleichwertigkeitsideologien verbunden.

Wir können also festhalten, dass nur bestimmte Varianten der Kritik mit Ungleichwertigkeit in Verbindung stehen, nämlich solche, die allgemeine Zweifel an der Demokratie beinhalten oder pauschales Misstrauen gegenüber politischen Eliten ausdrücken. Differenziertere Kritikvarianten, wie die Kritik an der Bevorzugung wirtschaftlicher Interessen oder an zu geringer Partizipationsbereitschaft sind hingegen keine Gefahr für die Demokratie, sondern können als konstruktive Kritiken verstanden werden. Für die Kritik an der zunehmenden Überwachung und der Gefährdung der Freiheitsrechte ist die Einordnung etwas schwieriger, da hier nur mit manchen Facetten der Gruppenbezogenen Menschenfeindlichkeit signifikante Zusammenhänge bestehen.

5.3 Kritik an der Demokratie und Gewaltbereitschaft

Ein weiterer Grundwert der Demokratie ist die Gewaltfreiheit. Um zu prüfen, ob demokratiekritische Einstellungen mit einer höheren Gewaltakzeptanz zusammenhängen, vergleichen wir die Zustimmung kritischer Bürgerinnen und Bürger zur Gewaltakzeptanz. Wir unterscheiden Gewaltbilligung, also die Meinung, dass Gewalt, die von anderen ausgeübt wird, akzeptabel sei, von der eigenen Gewaltbereitschaft, also der Bereitschaft, selbst Gewalt anzuwenden (➠ siehe Kap. 3.3).

In Abbildung 5.3.1 wird ersichtlich, welche Varianten der Demokratiekritik mit einer höheren Gewaltbilligung einhergehen. Dies ist insbesondere bei allgemeinen Demokratiezweifeln der Fall. Aber auch die Kritik an einer Demokratiemissachtung politischer Eliten, also der Vorwurf, Politiker nähmen sich mehr Rechte heraus als normale Bürger, ist signifikant mit einer höheren Zustimmung zur Gewaltbilligung verknüpft. Die anderen demokratiekritischen Einstellungen stehen in keiner besonderen Verbindung mit Gewaltbilligung (➠ siehe Abb. 5.3.1).

Zustimmung zur Gewaltbilligung bei demokratiekritischen Personen
(Angaben in Prozent) **Grafik 5.3.1**

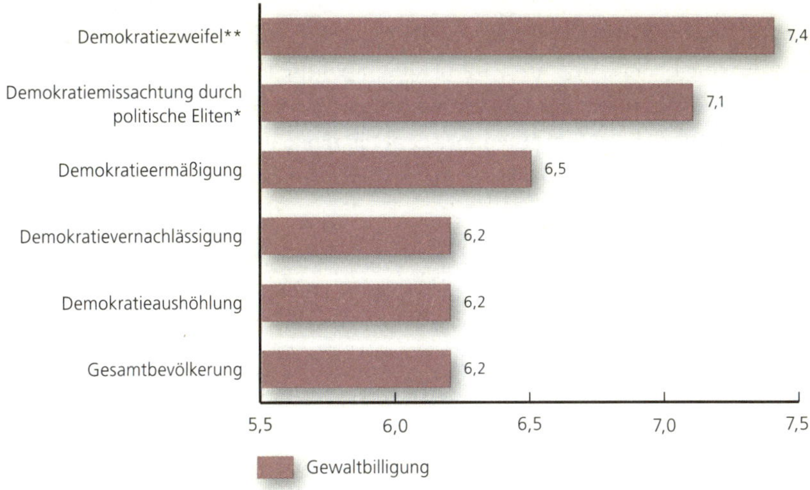

Zustimmung zur Gewaltbereitschaft bei demokratiekritischen Personen
(Angaben in Prozent) **Grafik 5.3.2**

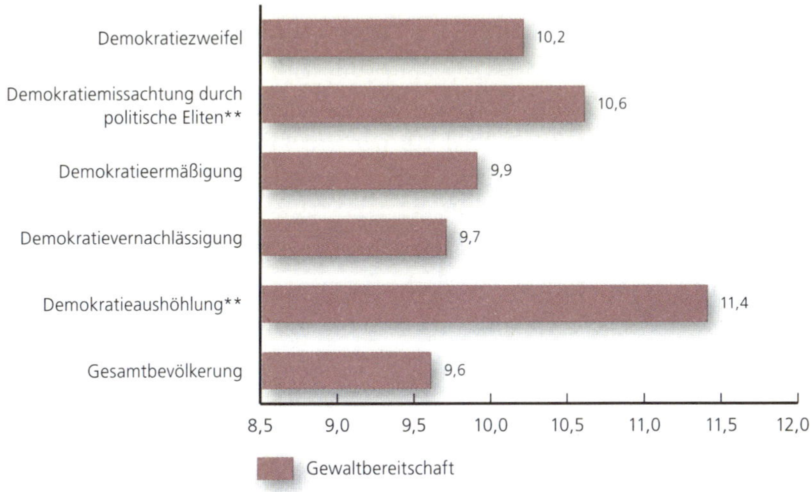

Hinsichtlich der eigenen Gewaltbereitschaft zeigt sich ein etwas anderes Bild (➠ siehe Abb. 5.3.2, S. 95). Hier erweisen sich vor allem Bürgerinnen und Bürger, die eine Demokratieaushöhlung aufgrund der Einschränkung von Freiheitsrechten befürchten als gewaltbereiter. Auch für Bürgerinnen und Bürger, die eine Demokratiemissachtung durch politische Eliten kritisieren, finden wir höhere Werte bei der Gewaltbereitschaft. Die Gewaltbereitschaft ist bei Personen, die sich kritisch gegenüber der Dominanz der Ökonomie äußern oder die eine Demokratievernachlässigung der Zivilgesellschaft beobachten, durchschnittlich.

5.4 Demokratische Proteste

Neben der Akzeptanz der Gleichwertigkeit aller Bürgerinnen und Bürger und der Abwesenheit von Gewalt bemisst sich der Zustand einer Demokratie auch an der Partizipationsbereitschaft der Bürgerinnen und Bürger. Eine Demokratie ist nur dann lebendig, wenn sie durch Beteiligung möglichst vieler belebt wird. Wir prüfen deshalb in einem letzten Schritt, welche Varianten der Demokratiekritik zu einer solchen Belebung der Demokratie führen und welche möglicherweise eher dazu beitragen, dass Menschen die Beteiligung verweigern. Dazu wurden die Befragten mit verschiedenen Partizipationsformen konfrontiert. Sie wurden gefragt, ob sie die jeweilige Form der Beteiligung bereits genutzt haben, ob sie diese nutzen würden oder ob sie diese nicht nutzen würden.

Abbildung 5.4.1 zeigt zunächst, dass insgesamt viele Bürgerinnen und Bürger in Deutschland bereit sind, neben den Wahlen weitere Möglichkeiten der politische Beteiligung zu nutzen oder dies bereits getan haben. 35 % der Befragten geben an, dass sie sich in einer Partei engagieren würden oder dies bereits getan hätten. Gut 70 % könnten sich dies in einer Bürgerinitiative vorstellen oder waren dort bereits aktiv. Die Teilnahme an einer genehmigten Demonstration kommt für 45 % in Frage, weitere 27 % haben bereits daran teilgenommen. An einer nicht genehmigten Demonstration würden hingegen nur 19 % teilnehmen, 7 % haben bereits daran teilgenommen. Sehr hoch ist das Interesse an Unterschriftensammlungen. Daran haben bereits mehr als 50 % teilgenommen und weitere 42 % würden dies tun. 23 % haben bereits bei Online-Protestaktionen mitgemacht, und 31 % können sich dies vorstellen. Letztere sind besonders in der Altersgruppe unter 50 Jahren verbreitet (➠ siehe Abb. 5.4.1).

Beteiligungsbereitschaft an verschiedenen Beteiligungsformen
(Angaben in Prozent) **Grafik 5.4.1**

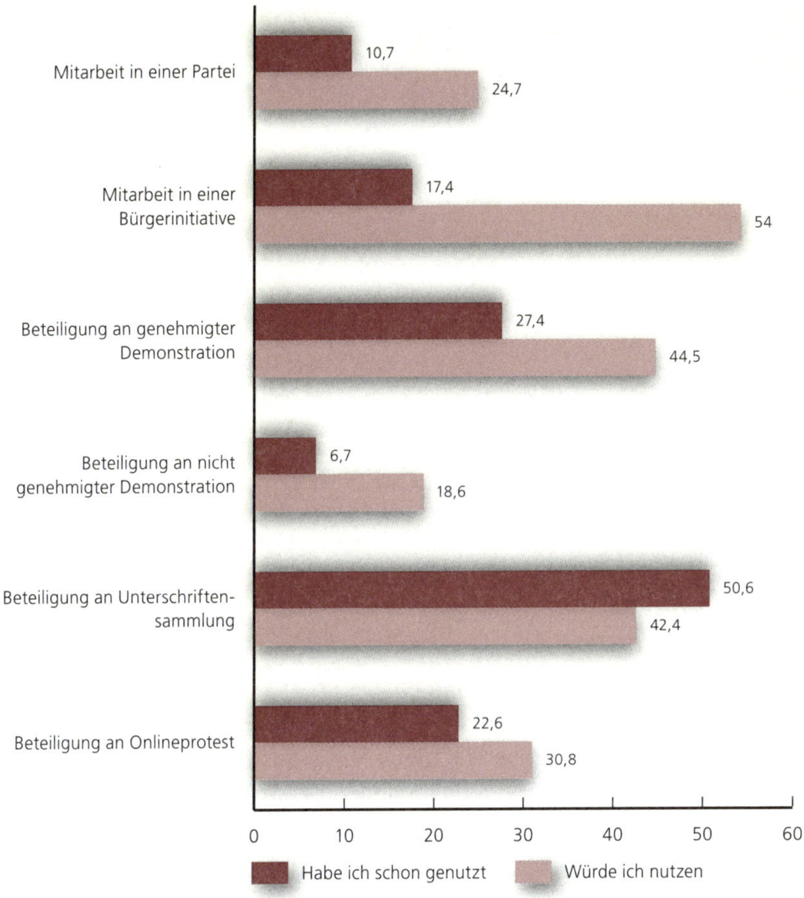

Wie sieht es nun unter kritischen Bürgerinnen und Bürger aus? Sind kritische Bürgerinnen und Bürger generell politisch aktiver als andere? Oder gibt es Varianten der Kritik, die eher mit geringer Beteiligungsbereitschaft einhergehen?

Mit Blick auf die Bereitschaft, sich in einer politischen Partei zu engagieren, können wir feststellen, dass Bürgerinnen und Bürger, die Demokratiezweifel

Bereitschaft demokratiekritischer Personen, in einer Partei mitzuarbeiten
(Angaben in Prozent)

Grafik 5.4.2

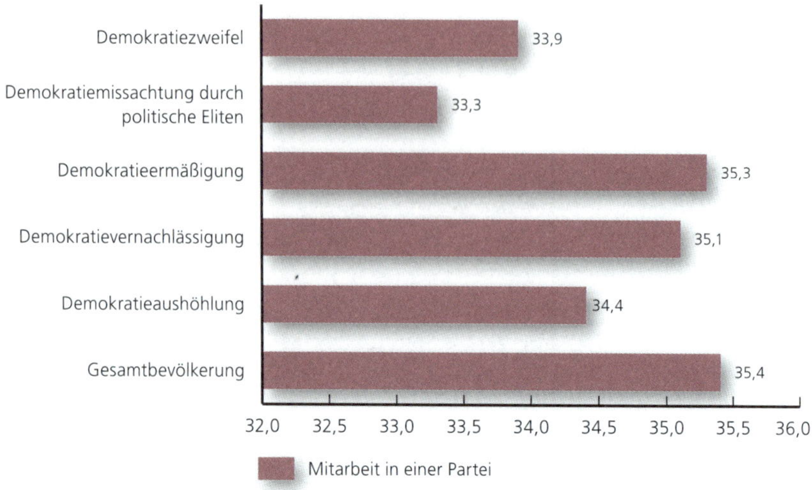

hegen oder politische Eliten kritisieren, seltener angeben, dass sie in einer politischen Partei mitarbeiten würden (➠ siehe Abb. 5.4.2). Befragte, die eine Dominanz der Ökonomie oder eine Vernachlässigung der Demokratie durch die Zivilgesellschaft kritisieren, sind hingegen durchschnittlich bereit, sich in einer Partei zu engagieren. Für die Bereitschaft, in einer Bürgerinitiative mitzuarbeiten, zeigt sich das gleiche Bild (ohne Abb.). Auch hier sind Menschen mit grundsätzlichen Demokratiezweifeln und solche, die Politikerinnen und Politiker generell kritisch gegenüberstehen, weniger beteiligungsbereit, während sich bei den anderen kritischen Bürgerinnen und Bürger eine durchschnittliche Bereitschaft zeigt.

Die Bereitschaft an Demonstrationen teilzunehmen, ist bei Personen, die das Verhalten politischer Eliten kritisieren, am geringsten ausgeprägt (➠ siehe Abb. 5.4.3). Befragte, die insbesondere eine Demokratievernachlässigung durch die Zivilgesellschaft beobachten, erweisen sich hingegen in diesem Zusammenhang als überdurchschnittlich protestbereit. Letzteres gilt ebenfalls für die Bereitschaft, an nicht genehmigten Demonstrationen teilzunehmen (ohne Abb.).

Bereitschaft demokratiekritischer Personen, an einer genehmigten Demonstration teilzunehmen (Angaben in Prozent) **Grafik 5.4.3**

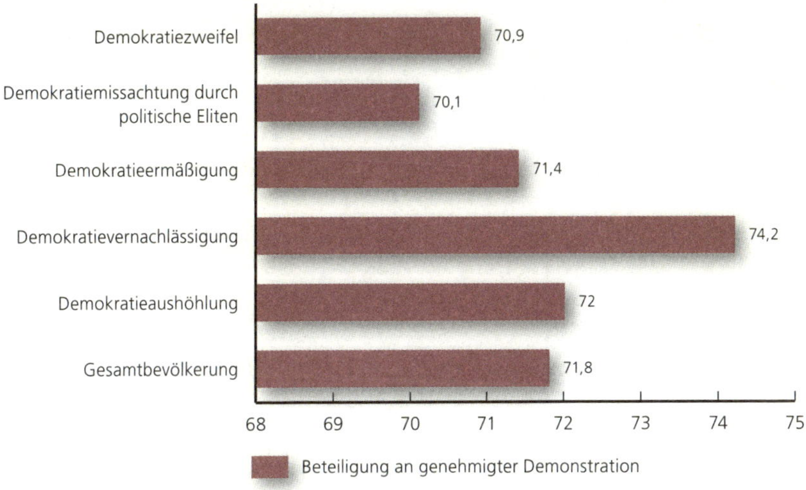

Mit Blick auf Online-Proteste können wir beobachten, dass auch hier die Befragten mit Demokratiezweifeln oder mit Kritik am Verhalten von politischen Eliten die geringste Beteiligungsbereitschaft zeigen (➠ siehe Abb. 5.4.4, S. 100). Personen, die eine Demokratievernachlässigung durch die Zivilgesellschaft kritisieren, zeigen wiederum die höchste Beteiligungsbereitschaft. Die Kritik an einer zunehmenden Überwachung oder an einer Dominanz der Ökonomie geht weder mit besonders geringer noch mit besonders hoher Beteiligungsbereitschaft einher.

Die Bereitschaft an Unterschriftensammlungen teilzunehmen, ist bei Personen, die politische Eliten kritisieren, etwas weniger verbreitet, liegt jedoch, wie bei allen anderen Befragten, bei über 90 % (ohne Abb.).

Auch die Bereitschaft, sich an der Bundestagswahl zu beteiligen, ist bei Personen mit allgemeinen Zweifeln an der Funktionsfähigkeit der Demokratie deutlich geringer. Dies gilt ebenfalls für Befragte, die eine Demokratiemissachtung durch politische Eliten kritisieren (ohne Abb.).

Bereitschaft demokratiekritischer Personen, an Online-Protesten teilzunehmen
(Angaben in Prozent) **Grafik 5.4.4**

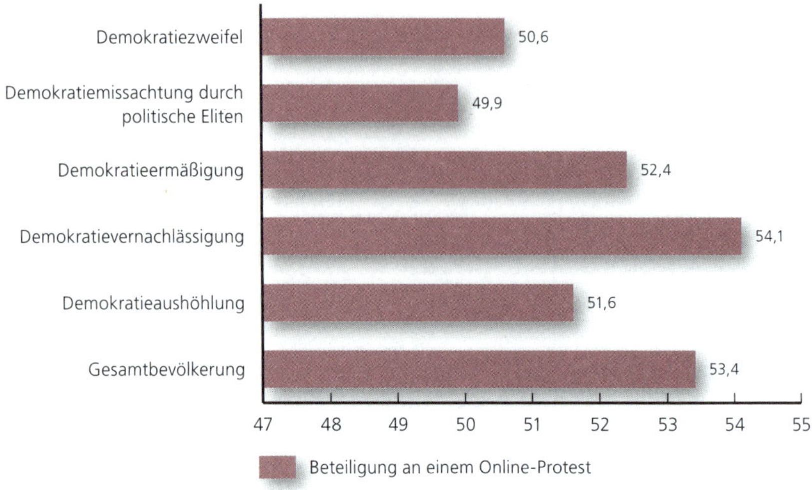

Insgesamt können wir festhalten, dass besonders die Kritik an der Ausrichtung politischer Entscheidungen an Wirtschaftsinteressen und die Kritik an einer zu wenig aktiven Zivilgesellschaft nicht mit einer geringeren Beteiligungsbereitschaft einhergehen. Die Einschätzung, dass die Zivilgesellschaft zu wenig engagiert ist, hängt in einigen Bereichen sogar mit einer überdurchschnittlichen Partizipationsbereitschaft zusammen. Befragte, die allgemeine Zweifel an der Demokratie und ein pauschales Misstrauen gegenüber Politikern aufweisen, geben hingegen seltener an, die genannten Beteiligungsmöglichkeiten bereits genutzt zu haben oder nutzen zu wollen. Besonders deutlich wird dies mit Blick auf die Bereitschaft, an der nächsten Bundestagswahl teilzunehmen: 14 % der Befragten, die allgemeine Demokratiezweifel äußern, geben an, nicht an der nächsten Bundestagswahl teilnehmen zu wollen. Dies sagen jedoch nur 3 % der Personen, die keine Demokratiezweifel haben.

Insgesamt zeigen die Analysen, dass die Beteiligungsbereitschaft in Deutschland hoch ist, und zwar unter demokratiekritischen wie nicht kritischen Menschen. Geht die Kritik in Richtung einer allgemeinen Unzufriedenheit mit der Demokratie und den politische Eliten, dann scheint sie mit einer eher geringeren Beteiligungsbereitschaft zusammenzuhängen. Dies gilt jedoch nicht für alle Bürgerinnen und Bürger, die die Demokratie kritisieren. Richtet sich die Kritik eher an die Zivilgesellschaft oder die Dominanz wirtschaftlicher Akteure, so ist die Partizipationsbereitschaft durchschnittlich, für einige Beteiligungsformen sogar etwas höher.

5.5 Potentiale und Gefahren demokratiekritischer Bürgerinnen und Bürger

Demokratiezweifel und die Kritik an der Demokratiemissachtung politischer Eliten scheinen also eher mit einem Rückzug im Sinne politischer Apathie denn mit verstärktem Engagement zusammenzuhängen. Genau diese Varianten der Demokratiekritik stehen auch mit einer vermehrten Zustimmung zu Ungleichwertigkeitsideologien in Verbindung und gehen mit einer vermehrten Gewaltakzeptanz einher. Solche Kritiken können kaum als Potential für die Demokratie betrachtet werden. Hier trifft die Vermutung zu, dass Unzufriedenheit mit der Demokratie zu politischer Apathie und einer Abkehr von der Demokratie führt. Die Befürchtung, solche Bürgerinnen und Bürger könnten sich rechtspopulistischen Mobilisierern zuwenden, erscheint nicht unbegründet.

Andere Varianten der Demokratiekritik können jedoch geradezu heilsam für die Demokratie sein: Sie gehen nicht mit einer geringeren Partizipationsbereitschaft einher und weisen auch keinen Zusammenhang mit Ideologien der Ungleichwertigkeit oder Gewaltakzeptanz auf. Sie können insofern als demokratieförderliche Kritiken gelten, und von ihnen ist ein positiver Beitrag zur »Demokratisierung der Demokratie« zu erwarten.

6 Marktförmiger Extremismus – ein Phänomen der Mitte?

Eva Groß, Andreas Hövermann

Seit Mitte der 1980er-Jahre lässt sich in Deutschland eine neoliberale Wende in der Sozial- und Wirtschaftspolitik beobachten. Diese zeichnet sich im Bereich der Wirtschaftspolitik durch einen angebotsorientierten Grundkonsens aus, der der keynesianischen Idee einer staatlichen Steuerung der Nachfrage (auch nach Arbeitskräften) entgegen steht, wenn dies aus sozialer oder politisch Verantwortung notwendig erscheint – beispielsweise um Massenarbeitslosigkeit zu verhindern (Beckert 2009). In der Sozialpolitik lässt sich die Wende als eine aktivierende Sozialpolitik beschreiben, die vom Einzelnen, insbesondere vom Arbeitslosen, mehr Selbstverantwortung, Flexibilität, Aktivität und unternehmerische Initiative in eigenen Angelegenheiten fordert (Lemke, Krasmann & Bröckling 2000; Neckel & Dröge 2002; Lessenich 2009). Aufgaben des Sozialstaates, wie zum Beispiel die soziale Absicherung der Bürger, werden sukzessive vom Staat auf die Individuen verlagert und die Verantwortung somit immer stärker dem Einzelnen zugeschrieben (Lessenich 2008). Die Individuen werden gleichzeitig durch das unternehmerische Selbst (Bröckling 2007), ein politisch inszeniertes, dominantes gesellschaftliches Leitbild, dazu angehalten, ihr Leben in einer ökonomisch effizienten, eben unternehmerischen Weise zu führen. Eigenverantwortlich, flexibel und sorgfältig sollen die Individuen Kosten und Nutzen von Lebensentscheidungen für zukünftige Gewinne, also ihre ökonomische Verwertbarkeit, abwägen.

Eine solche Wende nimmt selbstverständlich Einfluss auf die Normen, Werte und die Lebensweisen der Menschen in Deutschland. So wird es immer mehr zum Normalzustand, dass nicht nur auf Gewinn ausgerichtete, wirtschaftliche Unternehmen unternehmerisch gesteuert werden, sondern auch Krankenhäuser,

Schulen, Universitäten, Kindergärten und individuelle Lebenswege sich einer unternehmerischen Verwertungslogik unterwerfen (Peters 2001; Opitz 2004; Prinz & Wuggenig 2007). Es gibt Studiengänge, Fortbildungsmaßnahmen, Regulierungen und eine umfangreiche Lebenshilfe-Ratgeberliteratur, die alle darauf ausgerichtet sind, individuell unternehmerische Initiative von Menschen in allen auch noch so privaten Lebensbereichen zu fördern und fordern. Lemke/Krasmann/Bröckling (2000: 16) bezeichnen diese Entwicklung als konsequente »Ausweitung ökonomischer Formen auf das Soziale«, wobei die Ökonomie prinzipiell alle Formen menschlichen Verhaltens umfasse.

Das allgegenwärtige unternehmerische Denken hat neben positiven Effekten[15], so die These dieses Beitrags, negative Auswirkungen auf den gesellschaftlichen Zusammenhalt. Eine dieser negativen Auswirkungen wird hier untersucht, indem gefragt wird, inwiefern mit der unternehmerischen Selbstoptimierungsnorm scharfe Wettbewerbsideologien und ausgrenzende, ökonomistische Bewertungen von Menschen einhergehen und insgesamt zu einem Phänomen verschmelzen, das wir als *marktförmigen Extremismus* bezeichnen.[16] Negativ ist dies insofern, als wir vermuten, dass die Akzeptanz von gesellschaftlicher Solidarität mit und Hilfe für schwache und wirtschaftlich wenig gewinnbringende Gruppen durch marktförmigen Extremismus in Frage gestellt wird, beziehungsweise Ungleichwertigkeit und Menschenfeindlichkeit durch ihn aus der gesellschaftlichen Mitte heraus »sagbar« werden. Im Zentrum steht hier also die Frage, ob und inwiefern die neoliberale Normalität allgegenwärtigen unternehmerischen Denkens Türen öffnet für Wettbewerbsideologien und die Bewertung von Menschen nach reinen Kosten-Nutzen Maßstäben, und ob sie die Mitte Deutschlands damit gleichsam fragil, das heißt anfällig für Ungleichwertigkeit macht.

15 Für manche Menschen und Gruppen kann die Aktivierung und Förderung von Eigenverantwortung, Flexibilität, Innovativität und Aktivität durchaus gewinnbringend sein. Zum Problem wird die allgegenwärtig geforderte und geförderte unternehmerische Initiative, wenn sie das Allheilmittel gegen jegliches soziales Problem wird und zum Zwang für Menschen, die sich, aus von ihnen nicht zu verantwortenden Umständen, schlicht nicht unternehmerisch verhalten können, bzw. ihr Leben nicht unternehmerisch gestalten können.

16 Von Extremismus sprechen wir, da es sich in dieser Kombination um eine extreme Form marktförmigen Denkens handelt, die neben der unternehmerischen Selbstoptimierungsnorm auch die explizite Verehrung von Wettbewerb als Motor gesamtgesellschaftlichen Fortschritts, wie auch eine direkte Bewertung anderer Menschen nach reinen Kosten-Nutzen-Kalkülen beinhaltet.

Marktförmiger Extremismus könnte insbesondere in Zeiten zum Problem werden, in denen Menschen ihren (wieder gesicherten) Lebensstandard bedroht sehen, beispielsweise durch die aktuellen Entwicklungen in Europa. »Politische Mythen« (Schui 2014), wie beispielsweise die Wettbewerbsideologie, haben besonders in unübersichtlichen, unsicheren Zeiten, das heißt in Zeiten, in denen Menschen sich bedroht fühlen und besorgt sind, eine Sinngebungs- und Ordnungsfunktion; darin liegt ihre Kraft (ebd.: 12). Marktförmiger Extremismus bietet vielleicht durch die ihm innewohnende Wettbewerbslogik und das auf Menschen bezogene Kosten-Nutzen Kalkül bedrohten Menschen wirkungsmächtige und dringend benötigte Erklärungen für schwer zu durchschauende Entwicklungen, wie auch Gründe für die Abwertung und Ausgrenzung anderer – das Überleben des Stärkeren, im Zweifel Ausgrenzung wegen mangelnder Effizienz. Insgesamt könnte dieser Mechanismus neuen Halt und ein Gefühl von Sicherheit in unsicheren Zeiten bieten.

Gerade in dieser Verbindung von Bedrohungsängsten und marktförmigem Extremismus vermuten wir darüber hinaus ein gesellschaftliches Potential, an das gegenwärtige politische Mobilisierungsversuche anknüpfen, die durch ihre Verbindung von Wettbewerbslogiken mit Bedrohungsszenarien, Nationalismus und Menschenfeindlichkeit als wettbewerbspopulistisch bezeichnet werden können (Bebnowski & Förster 2014). Bei der Europawahl im Mai 2014 und zuletzt bei den Landtagswahlen in Sachsen (Ende August 2014), Brandenburg und Thüringen (Mitte September 2014) hatte eine solche politische Strategie auch in Deutschland in Form der Partei »Alternative für Deutschland (AfD)« Erfolg. In diesem Beitrag werden wir daher auch Bezüge zu politischen Parteiensympathien herstellen und analysieren, ob sich das Wählerpotential der AfD, das wir als wettbewerbspopulistisches Potential bezeichnen, tatsächlich aus den Personen zusammensetzt, die einen marktförmigen Extremismus befürworten und sich bedroht fühlen. Außerdem gehen wir der Frage nach, ob insbesondere in diesem Milieu der marktförmige Extremismus mit rechtsextremen Einstellungen einhergeht, was eine Gefahr für die Demokratie bedeuten würde.

Wir werden im Folgenden zuerst die drei einzelnen Einstellungsfacetten und deren Verbreitung in der deutschen Bevölkerung vorstellen, mit denen wir marktförmigen Extremismus messen. Daran anschließend prüfen wir, ob es sich auch empirisch bestätigen lässt, von einem Gesamtphänomen *marktförmiger Extremismus* sprechen zu können. Im Anschluss testen wir, ob Personen, die sich durch die Eurokrise bedroht fühlen, sowie Personen, die mit den Ideen der AfD sympathisieren, auch stärker zu marktförmigem Extremismus tendieren. Schließlich prüfen wir, inwiefern dieser marktförmige Extremismus tatsächlich mit rechtsextremistischen Einstellungen einhergeht und betrachten dabei insbesondere Befragte, die sich durch die Eurokrise bedroht fühlen sowie Sympathisanten der AfD, also das wettbewerbspopulistische Potential.

6.1 Einzelfacetten von marktförmigem Extremismus in der deutschen Bevölkerung

Wir unterscheiden drei Facetten des marktförmigen Extremismus auf Einstellungsebene: erstens der *unternehmerische Universalismus* – eine verallgemeinerte neoliberale Norm der Selbstoptimierung; er fordert von jedem unternehmerische Tugenden wie Kreativität, Flexibilität, Risikofreude, Innovativität, Aktivität und Eigenverantwortung als Charaktereigenschaften und zielt insbesondere auf einen Abbau der Solidarität, sodass bei fehlender Selbstoptimierung die Schuld auf den einzelnen zurück fällt – ganz nach dem Motto »jeder ist seines eigenen Glückes Schmied« (für eine detaillierte Beschreibung zur empirischen Messung dieser Norm siehe Groß, Gundlach & Heitmeyer 2010); zweitens die *Wettbewerbsideologie* – also die Forderung allgegenwärtigen Wettbewerbs, um Fortschritt und Erfolg zu erzielen – und schließlich drittens *ökonomistische Werthaltungen*, bei denen ökonomische Kriterien auf die Bewertung von ganzen Bevölkerungsgruppen angewendet werden (für detailliertere Informationen zur Messung siehe Mansel & Endrikat 2007). Tabelle 6.1 (➠ siehe S. 107) zeigt die Aussagen, mit denen wir die Zustimmung zum marktförmigen Extremismus gemessen haben. Darin wird sowohl die Verteilung in der deutschen Bevölkerung abgebildet, als auch nach Schichtzugehörigkeit[17] unterschieden. Generell konnten die Befragten den Aussagen auf einer fünfstufigen

17 Hierzu verwenden wir eine Einschätzung der Befragten, bei der sie sich selbst auf einer gesellschaftlichen Oben-Unten-Skala von 1 bis 10 einordnen sollten. Personen, die sich die Werte 1 bis 3 zuordneten, werden hier zu »unten« zusammengefasst, während 8 bis 10 »oben« repräsentiert. Die Werte 4 bis 7 stehen hier für »Mitte«. Der unteren Schicht ordnen sich dabei selbst 7 %, der mittleren 84 % und der oberen 8 % der Befragten zu.

Skala zustimmen, bei der die Extremkategorien »1« als »stimme überhaupt nicht zu« und »5« als »stimme voll und ganz zu« definiert wurden.[18] (➠ Siehe Tab. 6.1)

Der *unternehmerische Universalismus* wurde von uns anhand der Zustimmung zu drei Aussagen gemessen. Der ersten Aussage »wer nicht bereit ist, was Neues zu wagen, der ist selber schuld, wenn er scheitert«, stimmen knapp zwei Drittel der Deutschen zu. Die Zustimmung zur zweiten Aussage (»Wer keine Ideen hat, wie er sich gut verkaufen kann, der ist selber schuld, wenn er scheitert.«), fällt mit knapp 38 % jedoch etwas geringer aus. Wiederum mehr als die Hälfte der Deutschen (56 %) sieht eine eigene Schuld für das Scheitern, wenn es an Eigenmotivation mangelt.

Analysiert man die Zustimmung zu diesen drei Aussagen des unternehmerischen Universalismus nach subjektiver Schichtzuordnung, so fällt auf, dass den Aussagen überproportional stark von denjenigen zugestimmt wird, die sich selbst der mittleren und insbesondere der oberen Schicht zuordnen. Die verallgemeinerte neoliberale Norm der Selbstoptimierung wirkt somit in der Mitte und insbesondere in der obersten Schicht.

Zur Messung der *Wettbewerbsideologie* wurden die Zustimmungen zu zwei Aussagen zusammengefasst. Zum einen die Aussage, dass Rezept zum Erfolg darin bestünde, besser als andere zu sein, der knapp 57 % der Deutschen zustimmen. Zum anderen der Glaube daran, dass Fortschritt lediglich durch Wettbewerb möglich sei (knapp 62 % Zustimmung).

Diese Wettbewerbsideologie scheint jedoch kein Phänomen bestimmter Schichten zu sein, sondern ist in allen Schichten ähnlich weit verbreitet. Mit Zustimmungsraten zwischen 50 % und 60 % in der deutschen Bevölkerung lässt sich auch hier von einer relativ fest verankerten Norm sprechen.

18 Antworteten die Befragten mit »1« oder »2« so wurden diese als Ablehnung in der Tabelle zusammengefasst, während »4« und »5« als Zustimmung gewertet wurde. Der Anteil der Befragten, die die Mittelkategorie wählten, wird ebenfalls dargestellt.

Ablehnung und Zustimmung zum marktförmigen Extremismus, nach subjektiver Schichtzugehörigkeit (Angaben in Prozent)

Tabelle 6.1

		Gesamtverteilung			Zustimmung nach subjektiver Schichtzuordnung		
Anteil … →		**Ablehnung (»1« & »2«)**	**Mittelkategorie (»3«)**	**Zustimmung (»4« & »5«)**	**Zustimmung Unten**	**Zustimmung Mitte**	**Zustimmung Oben**
Unternehmrischer Universalismus	Wer nicht bereit ist, was Neues zu wagen, der ist selber schuld, wenn er scheitert.	14,70	23,30	62,10	51,80	62,40	67,30
	Wer keine Ideen hat, wie er sich gut verkaufen kann, der ist selber schuld wenn er scheitert.	28,50	34,00	37,50	37,40	36,90	44,80
	Wer sich nicht selbst motivieren kann, der ist selber schuld, wenn er scheitert.	21,00	23,00	56,00	36,60	55,30	61,90
Wettbewerbsideologie	Der Schlüssel zum Erfolg ist, besser als die Anderen zu sein.	19,20	24,00	56,80	59,20	56,40	58,60
	Fortschritt gibt es nur durch Wettbewerb.	14,80	23,40	61,80	56,10	62,30	63,30
Ökonomistische Werthaltungen	Menschen, die wenig nützlich sind, kann sich keine Gesellschaft leisten.	71,60	17,50	10,90	17,60	10,10	14,30
	Menschliche Fehler können wir uns nicht mehr leisten.	59,20	23,40	17,50	30,70	16,10	20,30

Schließlich verwendeten wir zwei deutlich schärfer formulierte Aussagen, um die *ökonomistischen Werthaltungen* – also die Anwendung ökonomischer Kriterien auf die Bewertung ganzer Bevölkerungsgruppen – zu erheben. Der Aussage, dass sich keine Gesellschaft Menschen, die wenig nützlich sind, leisten könne, wird von knapp 11 % zugestimmt. Immerhin noch mehr als jeder Sechste (knapp 18 %) glaubt, dass wir uns menschliche Fehler nicht mehr erlauben können. Diesen beiden Aussagen wird insbesondere von denjenigen zugestimmt, die sich selbst der unteren Schicht zuordnen. Damit zeigt sich die rabiate Bewertung von Menschen und Bevölkerungsgruppen nach reinen Nützlichkeitskriterien als deutlich weniger in den Mentalitäten der deutschen Mitte verankert als die anderen beiden Facetten des marktförmigen Extremismus. Nichtsdestotrotz vermuten wir eine klare Verbindung zwischen der weit verbreiteten Befürwortung von unternehmerischer Eigeninitiative und Wettbewerbsideologie mit der rabiateren ökonomistischen Bewertung von Menschen. Macht die neoliberale Norm die Menschen in Deutschland offen für die Abwertung von Mitbürgern auf der Basis wirtschaftlicher Kalküle? Ob sich die neoliberale Norm des unternehmerischen Selbst wirklich mit Wettbewerbsideologien und einer ökonomistischen Bewertung von Menschen verbindet und insgesamt als »Bruchstelle marktförmiger Extremismus« bezeichnet werden kann, testen wir in einem nächsten Schritt.

6.2 Das Gesamtphänomen marktförmiger Extremismus

Wir prüfen in diesem Abschnitt, ob und wie stark unternehmerischer Universalismus und Wettbewerbsideologien mit ökonomistischen Werthaltungen einhergehen. Es wird somit getestet, inwiefern diejenigen, die der unternehmerischen Selbstoptimierungsnorm zustimmen, auch dazu tendieren, den rabiateren ökonomistischen Ausgrenzungsideologien zuzustimmen und ob die drei Einstellungsmuster als Gesamtphänomen angesehen werden können. In Abbildung 6.2 sind die Korrelationen (➠ siehe Glossar) zwischen den drei Facetten[19] des marktförmigen Extremismus dargestellt.

19 Die Facetten wurden hierfür als *latente Konstrukte* (➠ siehe Glossar) modelliert, um die Zusammenhänge präziser ermitteln zu können, nämlich ohne Messfehler.

Marktförmiger Extremismus[20]

Grafik 6.2

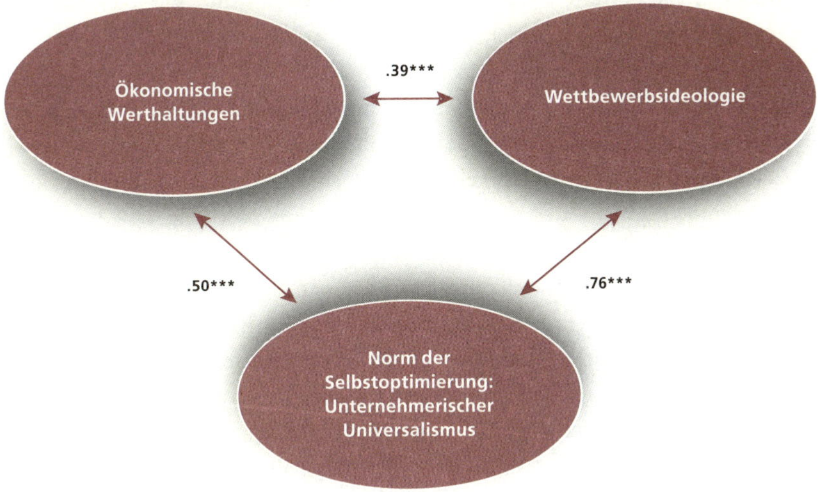

Es zeigen sich starke empirische Zusammenhänge zwischen unternehmerischem Universalismus, Wettbewerbsideologie und der Bewertung von Menschen nach reinen Kosten-Nutzen Kriterien. Auch wenn diese rabiate Bewertung von Menschen insgesamt[21] nur von weniger als jedem zwölften Deutschen geteilt wird, so tendieren Menschen, die die weit verbreitete Selbstoptimierungsnorm des unternehmerischen Universalismus teilen (fast jeder zweite Deutsche, insbesondere in der mittleren und oberen Schicht) stark dazu, Menschen nach reinen Kosten-Nutzen Kriterien zu bewerten. Zudem stehen Wettbewerbsideologie und ökonomistische Bewertung von Menschen ebenfalls in einem starken und signifikanten empirischen Zusammenhang. Personen, die Wettbewerbs-

20 Bei Fragen zu und Interesse an der Konstruktion, Berechnung und Passung dieses Gesamtkonstrukts als latentes Konstrukt (➠ siehe Glossar) können sich die Leserinnen und Leser gerne an den Autor und die Autorin wenden.

21 Anders als in der Tabelle im vorhergehenden Abschnitt, in der die Fragen einzeln aufgelistet wurden, wurden hier die Zustimmungswerte über die Mittelwertskala (➠ siehe Glossar) der beiden Items zu ökonomistischen Werthaltungen ermittelt. Die Zustimmung repräsentiert hier also den Anteil der Personen, die beiden Fragen im Schnitt mit mindestens 4 auf der fünfstufigen Skala zugestimmt haben, daher liegt der Prozentsatz unter dem der Zustimmung für die einzelnen Fragen.

ideologien teilen (etwa jeder zweite Deutsche in allen sozialen Schichten), tendieren eher dazu, andere Menschen nach reinen Kosten-Nutzen Kriterien zu bewerten. Auch unternehmerischer Universalismus und Wettbewerbsideologie gehen miteinander einher.

Insgesamt lässt sich somit von einem Gesamtphänomen *marktförmiger Extremismus* in der deutschen Bevölkerung sprechen: eine Verbindung zwischen Einstellungen, die in der Mitte weit verbreitet sind, und rabiaten Ausgrenzungsideologien.

Dem marktförmigen Extremismus stimmt nur etwa jede sechste Person in der Mitte zu[22], in der unteren Schicht sind es mit fast 30 % etwas mehr. Er ist damit kein dominantes Phänomen in der Mitte der deutschen Gesellschaft. Über die unternehmerische Selbstoptimierungsnorm weist er aber klare Verbindungslinien zur Mitte auf. Gerade im Gesamtphänomen des marktförmigen Extremismus zeigt sich daher die Fragilität der Mitte. Es wird deutlich, dass Einstellungen, die in der Mitte der deutschen Bevölkerung weit verbreitet sind, zu rabiateren ökonomistischen Be- und Abwertungen von Menschen führen können. Die Kombination aus neoliberalen Normen und ökonomistischer Abwertung untersuchen wir in den nächsten Schritten als Gesamtphänomen marktförmiger Extremismus, das sich aus den drei beschriebenen Dimensionen zusammensetzt. Bevor wir uns aber der Frage widmen, in welchem Zusammenhang marktförmiger Extremismus und rechtsextreme Einstellungen stehen, stellt sich zunächst eine andere Frage, nämlich die, ob Menschen, die sich in ihrem sozialen Status durch die krisenhaften Entwicklungen in Europa bedroht fühlen, den marktförmigen Extremismus ebenfalls stärker befürworten – er könnte Halt, Ordnung, Erklärungen und Absicherung nach außen bieten in einer unruhigen und unsicheren Zeit.

22 Dies ist, entsprechend der Idee eines Gesamtphänomens, der Anteil der Personen, die *allen* 7 Aussagen zum marktförmigen Extremismus *gleichzeitig* zustimmen, mit mindestens dem Wert 4 auf der fünfstufigen Skala.

6.3 Bedrohung des Lebensstandards als Motor für marktförmigen Extremismus

Zur Abbildung des persönlich empfundenen Bedrohungsgefühls durch die Eurokrise wurden den Befragten zwei Aussagen zur Bewertung vorgelegt[23]: »Der Lebensstandard deutscher Steuerzahler ist durch die Eurokrise erheblich gefährdet.« Und: »Ich mache mir wegen der Eurokrise ernsthaft Sorgen um die Ersparnisse deutscher Bürger.« Personen, die beiden Aussagen im Schnitt mindestens mit dem Wert 4 zugestimmt haben, wurden als diejenigen gruppiert, die sich durch die Entwicklungen im Euroraum bedroht fühlen.

In Abbildung 6.3 (➠ siehe S. 112) sind die unterschiedlichen Zustimmungsraten zum Gesamtphänomen marktförmiger Extremismus abgebildet, getrennt in jene Befragten, die sich bedroht fühlen, jene, die sich nicht bedroht fühlen, und zur besseren Orientierung bei allen Befragten.

Wir finden einen deutlichen Unterschied: Von Personen, die ihren Lebensstandard und ihre Ersparnisse durch die aktuellen Entwicklungen im Euroraum bedroht sehen, wird marktförmiger Extremismus mehr als doppelt so stark vertreten wie von denen, die sich nicht bedroht fühlen. Das Gefühl, durch die aktuellen Entwicklungen in Europa etwas verlieren zu können, geht also stark mit marktförmigem Extremismus als Gesamtphänomen einher. Bedrohung vergrößert damit eine Bruchstelle in der Gesellschaft, die sie anfällig macht für Ungleichwertigkeitsdenken.

Im nächsten Schritt betrachten wir die Gruppe der AfD-Sympathisanten in der deutschen Bevölkerung genauer: Zeigt sich auch bei dieser Gruppe der Befragten eine erhöhte Verbreitung des marktförmigen Extremismus? Zudem wird überprüft, inwiefern AfD-Sympathie und Krisenbedrohung miteinander einhergehen. Nehmen Sympathisanten wettbewerbspopulistischer Argumente auch stärker eine Bedrohung durch die Eurokrise wahr? Fänden wir solche Unterschiede, würde das für unsere These sprechen, dass wettbewerbspopulistische Mobilisierungsstrategien, wie sie die AfD vertritt, genau an solche Einstellungs-

23 Die Aussagen hängen stark miteinander zusammen [Korrelation = .64, Cronbach's Alpha (siehe Glossar) = 0.78] und können daher zusammengefasst werden.

Anteil Zustimmung zu marktförmigem Extremismus
(Angaben in Prozent)

Grafik 6.3

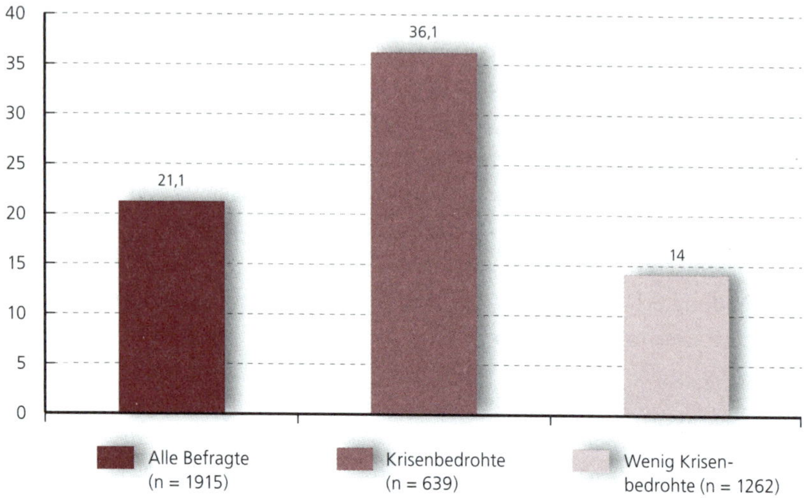

Anmerkung: Der Unterschied in der Zustimmung zu marktförmigem Extremismus zwischen bedrohten und nicht bedrohten Befragten ist hochsignifikant ($p < 0.001$, siehe Glossar unter Signifikanz)

potentiale anknüpfen, dass eine solche Partei sie kanalisieren und zu deren politischem Sprachrohr werden kann.

6.4 Das wettbewerbspopulistische Potential

Um das wettbewerbspopulistische Potential zu erheben, erfragten wir, inwieweit mit den Ideen der AfD sympathisiert wird. Die Befragten konnten auf einer Skala von 1 »stimme überhaupt nicht zu« bis 5 »stimme voll und ganz zu« ihre Einschätzung zu folgender Aussage abgeben: »Die Argumente der Partei Alternative für Deutschland (AfD) sind oft überzeugend.« Befragte, die mit dem Wert 4 oder 5 geantwortet hatten, werden als Sympathisanten der AfD eingestuft. In Abbildung 6.4.1 ist die prozentuale Zustimmung zu marktförmigem Extremismus in den unterschiedlichen Gruppen dargestellt.

Die Befragten, die wir als AfD-Sympathisanten eingestuft haben, äußerten mit 38,4 % eine mehr als doppelt so starke Zustimmung zu marktförmigem Ext-

Anteil Zustimmung zu marktförmigem Extremismus
(Angaben in Prozent) **Grafik 6.4.1**

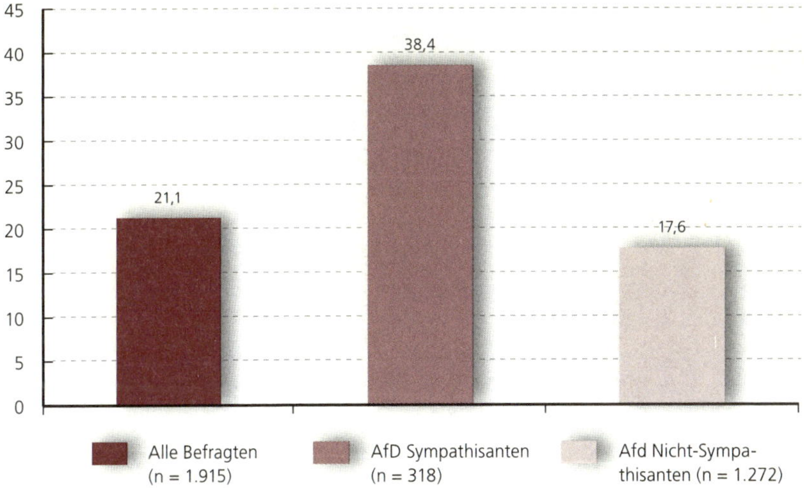

Anmerkung: Der Unterschied in der Zustimmung zu marktförmigem Extremismus zwischen AfD-Sympathisanten und den Nicht-AfD-Sympathisanten ist hochsignifikant ($p < 0.001$), bzw. ***.

remismus wie die Befragten, die nicht mit der AfD sympathisieren. Die Bezeichnung dieser Gruppe als »wettbewerbspopulistisches Potential« liegt deshalb nahe. Darüber hinaus haben wir untersucht, ob sich das wettbewerbspopulistische Potential auch durch besonders starke Bedrohungswahrnehmungen beschreiben lässt, zumal wir davon ausgehen, dass wettbewerbspopulistische Mobilisierungsstrategien gerade an solchen Krisenempfindungen anknüpfen. In Abbildung 6.4.2 (➠ siehe S. 114) ist dargestellt, wie sehr der Lebensstandard und die Ersparnisse als bedroht wahrgenommen werden – getrennt nach den beiden Gruppen sowie in der Gesamtbevölkerung.

Auch hier finden wir einen deutlichen Unterschied: Befragte, die mit wettbewerbspopulistischen Argumenten sympathisieren, fühlen sich durch die aktuellen Entwicklungen in Europa mehr als doppelt so stark (60,3 % versus 25,8 %) in ihrem Lebensstandard bedroht. Sowohl marktförmiger Extremismus als auch die Angst, durch die Eurokrise den bestehenden Lebensstandard und/oder Er-

Anteil Wahrnehmung von Bedrohung des Lebensstandards
(Angaben in Prozent)
Grafik 6.4.2

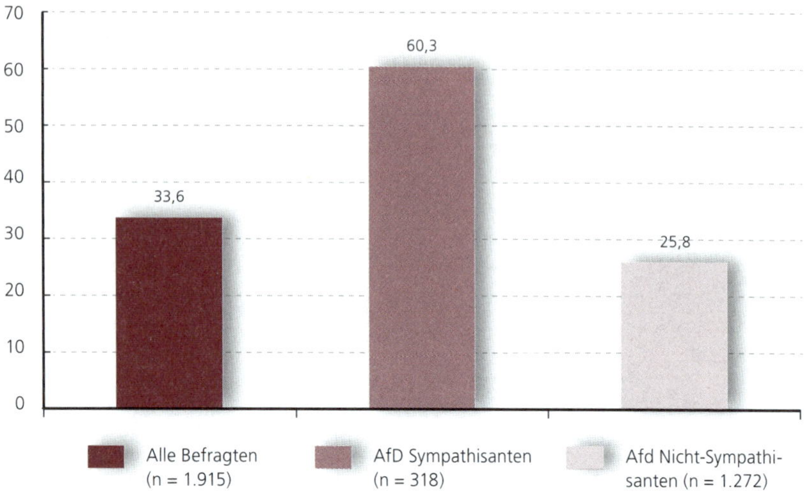

Anmerkung: Der Unterschied in der Zustimmung zu Bedrohungswahrnehmung zwischen AfD-Sympathisanten und den Nicht-AfD-Sympathisanten ist hochsignifikant ($p < 0.001$), bzw. ***.

sparnisse zu verlieren, werden besonders stark von den Menschen vertreten, die mit Argumenten der AfD sympathisieren. Darüber hinaus geht die Bedrohungswahrnehmung ebenfalls stark mit der Zustimmung zu marktförmigem Extremismus einher, wie wir im vorhergehenden Abschnitt zeigen konnten. Insgesamt ergibt sich dadurch für das wettbewerbspopulistische Potential eine Kumulation von Faktoren, die ökonomistische Ausgrenzungsideologien stark begünstigen.

Wir fragen nun im nächsten Schritt, ob marktförmiger Extremismus auch mit rechtsextremen Einstellungen einhergeht. Zeigt sich diese Verbindung besonders unter denjenigen, die mit wettbewerbspopulistischen Argumenten sympathisieren? Zeigt sich hier also in Form der AfD bereits ein politisches Sprachrohr für einen marktförmigen Extremismus, der aus der Mitte der Gesellschaft kommt und mit rechtsextremen Einstellungen einhergeht?

6.5 Marktförmiger Extremismus und Rechtsextremismus

Die Verbindung zwischen einzelnen Facetten von marktförmigem Extremismus und Gruppenbezogener Menschenfeindlichkeit, also der Abwertung von Gruppen, die als ökonomisch wenig effizient etikettiert sind (arbeitslose, obdachlose und behinderte Menschen) wurde bereits in mehreren Untersuchungen bestätigt (Mansel & Endrikat 2007; Heitmeyer & Endrikat 2008; Groß, Gundlach & Heimeyer 2010; Groß & Hövermann 2013). In diesem Beitrag untersuchen wir die Verbindung eines marktförmigen Extremismus mit rechtsextremen Einstellungen, in denen sich menschenfeindliche Haltungen mit extrem rechten politischen Ideologien verbinden. Wir beziehen uns dabei einerseits auf ein Gesamtkonstrukt rechtsextremer Einstellungen, andererseits auch auf die jeweils einzelnen Dimensionen wie die Befürwortung einer rechtsautoritären Diktatur, Chauvinismus, Ausländerfeindlichkeit, Antisemitismus, Sozialdarwinismus und die Verharmlosung des Nationalsozialismus (➠ siehe Kap. 3). Das Gesamtkonstrukt rechtsextremer Einstellungen lässt sich empirisch gut belegen.[24] Für unsere Untersuchung bildet es ein verallgemeinertes Gesamtmaß, um rechtsextreme Orientierungen abzubilden. Nichtsdestotrotz sind die Zusammenhänge zu den Einzeldimensionen von Interesse und werden ebenfalls diskutiert. Wir können dadurch die Verbindung von marktförmigem Extremismus zu einer differenzierteren und stärker politisch-ideologisch aufgeladenen Form von Menschenfeindlichkeit untersuchen, als dies in den bisherigen Untersuchungen der Fall war. Neben dem Gesamtkonstrukt vermuten wir besonders starke Zusammenhänge mit der Dimension Sozialdarwinismus, zumal diese rechtsextreme Orientierung neben der biologistischen Menschenfeindlichkeit auch Elemente einer Wettbewerbsideologie beinhaltet, die stark mit marktförmigem Extremismus einhergehen könnten. Insbesondere interessiert uns aber, ob die Verbindungen bei den Befragten, die wir zum wettbewerbspopulistischen Potential zählen, und bei denjenigen, die ihren Lebensstandard durch die Eurokrise bedroht sehen, allgemein stärker ausgeprägt sind als bei dem Rest der Bevölkerung. Zeigt sich beim wettbewerbspopulistischen Potential beziehungsweise in der Gruppe derer, die um ihren Wohlstand fürchten, bereits eine Bruchstelle in der Gesell-

24 Alle empirischen Kennwerte des Modells für das latente Gesamtkonstrukt rechtsextremer Einstellungen sind gut, das bedeutet, dass es sich empirisch bestätigen lässt und wir es in unsere folgenden Berechnungen auch als Gesamtmaß einfließen lassen können. Bei Interesse an den genauen Kennwerten des Modells können sich die Leser gerne an die Autorin und den Autor wenden.

schaft, indem hier rechtsextreme Überzeugungen wie der Sozialdarwinismus oder die Verharmlosung des Nationalsozialismus unter ökonomischer Prämisse wieder möglich werden?

In Tabelle 6.5. sind die Stärken der Zusammenhänge zwischen marktförmigem Extremismus und Rechtsextremismus für alle Befragten, sowie für die unterschiedenen Gruppen dargestellt.

Marktförmiger Extremismus und Rechtsextremismus
(Angaben in Prozent)

Tabelle 6.5

	Alle Befragten (n = 1.846)	**AfD-Sympathisanten** (n = 270)	**Bedrohte** (n = 532)
Gesamtkonstrukt rechtsextremer Orientierung	0,49***	**0,75*** **	**0,70*** **
Befürwortung rechtsautoritäre Diktatur	0,39***	**0,66*** **	**0,52*** **
Chauvinismus	0,53***	**0,60*** **	**0,55*** **
Ausländerfeindlichkeit	0,49***	**0,71*** **	**0,63*** **
Antisemitismus	0,34***	**0,44*** **	**0,45*** **
Sozialdarwinismus	0,52***	**0,80*** **	**0,68*** **
Verharmlosung Nationalsozialismus	0,38***	**0,63*** **	**0,48*** **

Anmerkung: Angegeben sind die Zusammenhänge zwischen marktförmigem Extremismus und Rechtsextremismus in Form von standardisierten Regressionskoeffizienten (➠ siehe Glossar) je zwischen zwei latenten Konstrukten (➠ siehe Glossar), kontrolliert nach Alter, Bildung, Geschlecht[15] und getrennt nach Subgruppen; *** bedeutet eine starke statistische Signifikanz (➠ siehe Glossar) der Zusammenhänge

Bezogen auf alle Befragten in der Stichprobe zeigt sich deutlich: Menschen, die marktförmigen Extremismus befürworten, tendieren auch dazu, die Aussagen zum Rechtsextremismus zu befürworten. Das gilt für das Gesamtkonstrukt

25 In allen Gruppen wurde die Bildung, das Alter und das Geschlecht der Befragten kontrolliert, um auszuschließen, dass die Zusammenhänge darauf zurückzuführen sind, dass sich in den unterschiedlichen Gruppen beispielsweise eine unterschiedliche Anzahl an gut gebildeten Befragten befindet und dadurch die Zusammenhänge beeinflusst werden.

ebenso wie für die Einzeldimensionen, wobei sich die stärksten Zusammenhänge mit dem Chauvinismus (0,53) und, wie vermutet, dem Sozialdarwinismus (0,52) ergeben. Der marktförmige Extremismus hängt gegenwärtig in der deutschen Bevölkerung offenbar eng mit rechtsextremen Ideen zusammen. Darüber hinaus finden wir deutliche Unterschiede bei beiden Subgruppen – sowohl bei den Personen, die mit den Argumenten der AfD sympathisieren, als auch bei denen, die im Zuge der Eurokrise Angst um ihre Ersparnisse und ihren Lebensstandard haben: Bei beiden geht der marktförmige Extremismus über alle Dimensionen hinweg deutlich stärker mit Rechtsextremismus einher als beim Durchschnitt der Bevölkerung. Besonders klar sind diese Unterschiede für das Gesamtkonstrukt Rechtsextremismus zu erkennen. Für die einzelnen Dimensionen zeigt sich bei den AfD-Sympathisanten ein extrem hoher Zusammenhang zwischen marktförmigem Extremismus und Sozialdarwinismus (0,80), ähnlich stark geht in dieser Gruppe der marktförmige Extremismus mit Ausländerfeindlichkeit einher (0,71) und, nur wenig abgeschwächt, mit der Befürwortung einer rechtsautoritären Diktatur (0,66), der Verharmlosung des Nationalsozialismus (0,63) und Chauvinismus (0,60). Die Unterschiede in den Zusammenhängen zum Durchschnitt der Bevölkerung sind teilweise sehr groß, beispielsweise bei der Verbindung von marktförmigem Extremismus und Sozialdarwinismus oder der Befürwortung einer rechtsautoritären Diktatur und der Verharmlosung des Nationalsozialismus.

Ähnlich, wenn auch in einer leicht abgeschwächten Weise, beobachten wir im Vergleich zur Gesamtbevölkerung deutlich stärkere Zusammenhänge zwischen marktförmigem Extremismus und rechtsextremen Orientierungen bei den Personen, die sich von den krisenhaften Entwicklungen in Europa bedroht fühlen. Auch hier finden wir für die Einzeldimensionen den stärksten Zusammenhang mit Sozialdarwinismus (0,68), gefolgt von Ausländerfeindlichkeit (0,63), Chauvinismus (0,55) und der Befürwortung einer rechtsautoritären Diktatur (0,52).

6.6 Fazit

Marktförmiger Extremismus ist kein dominantes Phänomen in der Mitte, jedoch weist er über die unternehmerische Selbstoptimierungsnorm deutliche Verbindungslinien zur Mitte auf und öffnet dort damit Türen für Abwertung und

Ausgrenzung mit dem Argument mangelnder Nützlichkeit und Ineffizienz. Marktförmiger Extremismus ist damit ein Ausdruck der Fragilität der Mitte. Zur Normalität gewordene Forderungen nach unternehmerischen Tugenden und Fähigkeiten in allen Lebenslagen, die von jedem zweiten Menschen in Deutschland vertreten werden, sind eine Bruchstelle in der Mitte, gleichsam deren Verbindungslinie zum marktförmigen Extremismus. Wenn dann zusätzlich Bedrohungsängste der Menschen um ihren Lebensstandard auftreten, sind Personen besonders anfällig für marktförmigen Extremismus. Zugleich steht dieser empirisch in deutlicher Verbindung mit rechtsextremen Einstellungen.

Die Partei AfD greift das vorhandene wettbewerbspopulistische Potential offenbar als politisches Sprachrohr auf und scheint gerade diese ökonomisch menschenfeindliche Verbindung zu kanalisieren. Vor allem hier – bei Personen, die mit den Argumenten der AfD sympathisieren – sind marktförmiger Extremismus und Bedrohungsgefühle besonders stark vertreten. Für sich genommen wäre dies zunächst kein Grund zu großer Sorge, wenn nicht gerade in diesem Milieu – wie auch bei Personen, die sich bedroht fühlen – marktförmiger Extremismus besonders stark mit rechtsextremen Einstellungen einherginge, wie wir am Ende der Analysen gezeigt haben. Besonders deutlich zeigte sich diese starke Verbindung für den Sozialdarwinismus: AfD-Sympathisanten und bedrohte Personen, die marktförmigem Extremismus zustimmten, vertraten auch besonders stark die Meinung, dass sich, wie in der Natur, auch in der Gesellschaft der Stärkere durchsetzen sollte, dass es wertvolles und unwertes Leben gebe und dass die Deutschen anderen Völkern von Natur aus überlegen seien. Hier, in dieser ökonomisch menschenfeindlichen Verbindung von marktförmigem Extremismus mit Rechtsextremismus im wettbewerbspopulistischen Milieu offenbart sich eine reale Gefahr für die Demokratie mit klaren Verbindungslinien in die Mitte unserer Gesellschaft.

7 Anti-europäische Reflexe und menschenfeindliche Abgrenzungen

Andreas Zick, Beate Küpper

Spätestens im Zuge der Finanz- und Wirtschaftskrise, die Europa in 2008 erfasste und seither begleitet, werden in Deutschland stärker als zuvor nicht nur Euro-skeptische, sondern zunehmend auch EU- und Europa-kritische Stimmen laut (dazu zum Beispiel Peters 2014). Diese gipfelten jüngst in der propagandistischen Forderung nach einem »Europa der starken Nordländer«, in despektierlichen Kommentaren über die südeuropäischen Länder und einer kaum verhohlenen oder gar offenen Abwertung des »verlotterten« und faulen Südens. Stereotype Bilder wie jenes der »Pleite-Griechen«, so ein Aufmacher der BILD, scheinen nahtlos an antieuropäische Stimmungen anknüpfen zu können. Während die einen ihre grundsätzliche Zustimmung zur europäischen Idee betonen, aber ihre Sorge bekunden, Europa halte die Krise nicht aus und es wäre besser für alle, zu getrennten Währungen zurückzukehren, äußern andere Vertreter politischer Eliten wie auch lokale Meinungsführer umfassendere Kritik an der Konstruktion und den Verfahrensweisen der Europäischen Union (EU). Sie verlangen in Teilen sogar, das Zusammenwachsen der europäischen Länder zu bremsen. Bei wiederum anderen Protagonisten regt sich vor allem ein selbstbezogener Nationalismus, der gleich die gesamte EU ins Fadenkreuz nimmt, begleitet von nationalistischen Misstönen, Hetze gegen südeuropäische Länder, insbesondere gegen Griechenland, und gleich auch gegen alle, die tatsächlich oder vermeintlich von dort kommen: religiöse Minderheiten, sogenannte Armutseinwanderer wie Sinti und Roma aus Südosteuropa und die an Europas südlichen Küsten gestrandeten Flüchtlinge, die den Konflikten in ihren Heimatländern entkommen konnten. Zeitgleich lässt sich in etlichen Unionsländern die Wiederbelebung bereits überwunden geglaubter, reaktionärer Stimmungsmache gegen nicht-heterosexuelle Menschen beobachten, begleitet von zumindest vereinzelt aufkeimenden Verschwörungstheorien einer »Gender-Ideologie«, deren »Unterwanderung« des Mainstreams es zu stoppen gelte.

Bei den jüngsten Wahlen zum Europäischen Parlament im Mai 2014 starrte Europa gebannt auf die Ergebnisse: Würde sich die tatsächliche oder vermeintlich verbreitete Euro- und Europa-Kritik auch in der Wahl rechtspopulistischer und rechtsextremer Parteien niederschlagen, die nicht nur Europa entflechten, sondern mit offenen Ressentiments gegen gesellschaftliche Gruppen agitieren und sogar dazu aufrufen, negativen Emotionen wie Wut freien Lauf zu lassen? Bekanntlich war das Bild nach den Wahlen gemischt: Die Wahlerfolge rechtsextremer und rechtspopulistischer Parteien sind teilweise beträchtlich ausgefallen, insgesamt aber weniger einschneidend als befürchtet. Doch auch wenn die innere Zerstrittenheit der radikalen Rechten einen unmittelbaren Einfluss verhindert, entfaltet ihre Propaganda mittelbare Wirkung, wenn andere Parteien diese aufgreifen. In Deutschland gewann mit der gerade erst gegründeten »Alternative für Deutschland« (AfD) eine Partei sieben Prozent der Stimmen, die in ihrer Programmatik nicht allein EU-kritisch ist, sondern eine nationalistische Orientierung mit der Abwertung von Einwanderern, Asylsuchenden und Muslimen, aber auch von Bürgerinnen und Bürgern europäischer Nachbarländer verbindet. In den Landtagswahlkämpfen des Jahres 2014, bei denen die AfD überaus erfolgreich abschnitt, wurde wie üblich auch mit einer Kriminalitätsfurcht gespielt und eine völkisch anmutende Familienpolitik propagiert, was die rechtspopulistische Klaviatur weiter vervollständigt (zur rechtspopulistischen Verortung der AfD siehe zum Beispiel Häusler, 2014).

Diese Beobachtungen verlangen einen genaueren Blick auf die Haltung der Deutschen zu Europa und zur EU und darauf, wie diese Haltung mit antidemokratischen und menschenfeindlichen Ansichten zusammenhängt. Dabei stellt sich die Frage, inwieweit sich hinter einer in vielen Punkten berechtigten und konstruktiven Kritik an Entwicklung und Umsetzung der europäischen Idee – die europäische Demokratie lebt von der Konfliktaushandlung – nicht zum Teil auch nationalistische und menschenfeindliche Haltungen verbergen; es also eine Variante der anti-demokratischen Europakritik gibt.

Der folgende Beitrag berichtet in einem ersten Schritt über Einstellungen der befragten Deutschen zu Europa und zur EU. In einem zweiten Schritt analysieren wir, inwieweit diese Einstellungen mit nationalistischen Zügen einhergehen und mit der Abwertung südeuropäischer Nachbarn verknüpft sind. In einem dritten Schritt weiten wir die Perspektive auf den Zusammenhang zwischen der der Haltung zur EU und der Abwertung von innerdeutschen Adressatengruppen aus. Die Feindseligkeit gegenüber Eingewanderten, ethnischer Rassismus, Antisemitismus und weitere Elemente Gruppenbezogener Menschenfeindlichkeit (➠ siehe Kap. 4) sind zentrale Dimension von rechtsextremen Einstellungen, wie in Kapitel 3 beschrieben.

7.1 Wie stehen die Deutschen zu Europa?

Zunächst fragten wir die Teilnehmenden, welches Bild die EU bei ihnen hervorruft. Dazu wurden fünf abgestufte und jeweils benannte Antwortalternativen vorgegeben (ein »sehr positives«, »eher positives«, »neutrales«, »eher negatives«, »sehr negatives« Bild). Der überwiegende Teil der Deutschen steht positiv zur EU, zugleich drückt eine Minderheit von rund einem knappen Viertel der Befragten auch ihre deutliche Skepsis gegenüber der EU aus. Bei 34 % der Befragten ruft die EU nach eigenen Angaben ein eher oder sogar sehr positives Bild hervor, bei 42 % ein neutrales und bei rund 24 % ein eher oder sehr negatives Bild.

Um genauer die Haltung zur EU zu erfassen, wurden den Befragten zusätzlich sechs weitere Aussagen über die EU vorgelegt, die wir den Debatten über die EU entnommen haben. Drei davon drücken eine positive Einstellung zur EU und zum Zusammenhalt der europäischen Länder aus, drei Aussagen formulieren eine Präferenz für die Rückbesinnung auf Deutschland in Abgrenzung zur EU (➠ siehe Tab. 7.1.1, S. 122). Eine zufällig ausgewählten Hälfte von rund 900 Befragten wurde gebeten zu diesen Aussagen jeweils ihre Zustimmung bzw. Ablehnung auf einer fünfstufigen Skala abzugeben (1 = »ich stimme überhaupt nicht zu« bis 5 »ich stimme voll und ganz zu«). Zur Auswertung wurden die Befragten, die eine 4 oder 5 angaben, als Zustimmung gewertet und zusammengezählt, während eine 1 oder 2 als Ablehnung gewertet wurde. Befragte, die mit der Mittelkategorie 3 antworten, geben damit je nachdem ihrer halben Zustimmung oder auch einer unentschiedenen oder ambivalenten Haltung Ausdruck.

Haltung zu Europa und zur EU
(Angaben in Prozent) **Tabelle 7.1.1**

Ich stimme … →	1	2	3	4	5	n =
Der Zusammenhalt in der EU muss gestärkt werden.	2,6	4,8	18,1	23,8	50,6	985
Die reichen Länder in Europa sollten mehr tun, um die armen Länder in Europa zu unterstützen.	9,0	13,6	30,8	23,0	23,6	977
Die Europäische Union ist eine großartige Idee.	6,1	9,1	23,4	22,0	39,4	969
Deutschland wäre ohne die EU besser dran.	29,6	20,7	25,6	13,5	10,7	946
Deutschland muss mehr Stärke gegenüber Brüssel zeigen.	7,2	13,9	27,6	23,7	27,6	937
Deutschland muss sich mehr auf sich selbst besinnen als auf Europa.	15,0	18,2	29,0	20,9	16,9	975

Legende Ich stimme **1** = … überhaupt nicht zu bis **5** = … voll und ganz zu (Abstufungen nicht benannt)

Knapp zwei Drittel der Befragten (61 %) halten die Europäische Union »für eine großartige Idee«. 74 % sind der Ansicht: »Der Zusammenhalt in der EU muss gestärkt werden.« Auch Solidarität mit den ärmeren Ländern in Europa ist durchaus vorhanden, wenn 47 % der Befragten fordern: »Die reichen Länder in Europa sollten mehr tun, um die armen Länder in Europa zu unterstützen«, allerdings spricht sich hier rund ein Viertel der Befragten (23 %) auch klar dagegen aus. Eine ähnlich große Minderheit ist kritisch zur EU eingestellt, was in der Forderung nach einer Rückbesinnung auf Deutschland und eine Entkoppelung von beziehungsweise Stärkung Deutschlands gegenüber der EU zum Ausdruck kommt. So sind 24 % der Befragten der Ansicht: »Deutschland wäre ohne die EU besser dran.« Sogar ein gutes Drittel der Befragten (38 %) meint: »Deutschland muss sich mehr auf sich selbst besinnen als auf Europa.« Und die Hälfte der Deutschen (51 %) fordert: »Deutschland muss mehr Stärke gegenüber Brüssel zeigen.«

Die drei ersten, mit Blick auf den Zusammenhalt der europäischen Ländern positiv formulierten Aussagen, können zu einer statistisch zuverlässigen Mittelwertskala zusammengefasst werden, das heißt einer Skala, die von 1 (minimale positive Haltung) bis 5 (maximal positive Haltung) reicht. Sie wird als positive Haltung gegenüber der EU im Sinne eines stärkeren Zusammenhalts der Länder in Europa bezeichnet. 76 % der Befragten liegen hier im durchschnittlich positiven Zustimmungsbereich (Skalenwert > 3), drücken damit also ihre positive Haltung zur EU aus. Gleichermaßen wurde mit den drei anderen Aussagen verfahren, die im Hinblick auf das weitere Zusammenwachsen der europäischen Ländern negativ formuliert sind; die Skala drückt also eine kritische Haltung gegenüber der EU aus und lässt sich mit »Rückbesinnung auf die Nationalstaatlichkeit Deutschlands« umschreiben. 45 % der Befragten liegen hier im durchschnittlichen Zustimmungsbereich, das heißt sie sind europakritisch und fordern eine Rückbesinnung auf Deutschland beziehungsweise eine Stärkung Deutschlands gegenüber der EU.[26] Wer eine positive Haltung zur EU hat, spricht sich umgekehrt weniger für eine nationale Rückbesinnung aus (Korrelation der beiden Subskalen r = -30).

Mit zunehmendem Alter sind die Befragten ambivalent zugleich pro- und antieuropäischer eingestellt. Männer sind in der Tendenz eher für ein weiteres Zusammenwachsen in Europa, Frauen favorisieren eher eine Rückbesinnung auf Deutschland. Überwiegend in Westdeutschland aufgewachsene, besser gebildete und einkommensstärkere Personen sprechen sich seltener für eine Rückbesinnung auf Deutschland aus als Befragte, die überwiegend im Osten aufgewachsen sind beziehungsweise über eine geringere Schulbildung oder ein niedrigeres Einkommen verfügen. Die Herkunft aus Ost- bzw. Westdeutschland, die Schulbildung und das Einkommen spielen für die positive Haltung zur EU keine Rolle. Wenn überhaupt – dann schlägt sich der Einfluss demographischer Merkmale vor allem in einer europaskeptischen Haltung nieder, während eine Pro-EU-Haltung davon weitgehend unbeeinflusst ist – mit Ausnahme von Alter und Geschlecht, die hier eine gewisse Rolle spielen (➠ siehe Tab. 7.1.2, S. 124 f.). Die beschriebenen Unterschiede sind aufgrund der großen Stich-

26 Eine explorative Faktorenanalyse und nachfolgende Reliabilitätsanalysen sichern dieses Vorgehen statistisch ab und belegen die Skalenqualität. Die explorative Faktorenanalyse mit Varimax Rotation bildet zwei Faktoren mit einem Eigenwert > 1 ab, auf denen die Aussagen jeweils klar mit a > .65 laden und die 32 % bzw. 30 % der Varianz aufklären. Die interne Konsistenz der Subskala positive Haltung zur EU/Zusammenhalt ist noch akzeptabel (Cronbach's Alpha = .63), die der Subskala negative Haltung zur EU/Rückbesinnung gut (Cronbach's Alpha = .71).

Demographische Unterschiede in der Haltung zur EU
(Angaben in Prozent)

Tabelle 7.1.2

	Frauen (n = 503)	**Männer** (n = 487)	**Ost** (n = 204)	**West** (n = 757)	**16–30 Jahre** (n = 191)	**31–60 Jahre** (n = 476)	**> 60 Jahre** (n = 308)
Positive Haltung zur EU	73,5	78,1	73,9	76,5	73,3	74,6	78,3
Negative Haltung zur EU	51,7	39,0	55,1	42,2	39,9	47,7	45,5

Anmerkung Grundlage für die Abbildung sind die aus jeweils drei Aussagen neu gebildeten Subskalen »positive Haltung zur EU« bzw. »negative Haltung zur EU«. Die Abbildung zeigt für jede demographische Gruppe jeweils den Prozentsatz von Befragten im Zustimmungsbereich, d. h. mit einem durchschnittlichen Zustimmungswert von über 3 (m > 3); z. B. haben 73,5 % der Frauen und 78,1 % der Männer eine positive Haltung zur EU. Einteilung der Bildungskategorien: Bildung niedrig = Personen mit maximal einem

probe zwar signifikant, aber – mit Ausnahme des Bildungseffekts – absolut gesehen geringfügig. Alle nicht angesprochenen Unterschiede nach demographischen Merkmalen sind nicht signifikant.[27]

Die Deutschen sind insgesamt nach wie vor ganz überwiegend positiv gegenüber der Idee von Europa eingestellt, zugleich äußert sich aber auch fast die Hälfte der Deutschen EU-kritisch und fordert eine Rückbesinnung auf beziehungsweise eine Stärkung von Deutschland gegenüber der EU. Das Bild des älteren, besser gebildeten und verdienenden, männlichen »Wutbürgers«, der sich gegen die EU wendet, zeichnet sich in den Daten – anders als vielleicht erwartet – nicht

27 Die Unterschiede zwischen Befragten in ihrer Haltung zur EU in Abhängigkeit ihrer demographischen Merkmale wurde jeweils mit einer multivariaten Varianzanalyse geprüft [Alter: multivariates $F(4, 1930) = 6.16$, $p < .001$; positive Haltung zur EU $F(2, 966) = 4.16$, $p < .05$; negative Haltung zur EU $F(2, 966) = 4.28$, $p < .05$; Geschlecht: multivariates $F(2, 980) = 7.92$, $p < .001$; positive Haltung zur EU $F(1, 981) = 6.84$, $p < .01$; negative Haltung zur EU $F(1, 981) = 13.22$, $p < .001$; Ost-Westdeutsche: multivariates $F(2, 951) = 5.41$, $p < .01$; positive Haltung zur EU $F(1, 952) = 2.44$, ns.; negative Haltung zur EU $F(1, 952) = 10.44$, $p < .01$; Bildung: multivariates $F(4, 1938) = 18.26$, $p < .001$; positive Haltung zur EU $F(2, 970) = 2.36$, ns.; negative Haltung zur EU $F(2, 970) = 34.10$, $p < .001$; Einkommen: multivariates $F(4, 1582) = 6.00$, $p < .001$; positive Haltung zur EU $F(2, 792) = .51$, ns.; negative Haltung zur EU $F(2, 792) = 10.56$, $p < .001$].

Demographische Unterschiede in der Haltung zur EU
(Angaben in Prozent) **Tabelle 7.1.2**

	Bildung niedrig (n = 447)	Bildung mittel (n = 274)	Bildung hoch (n = 259)	Einkommensschwache (n = 175)	Mittelschicht (n = 492)	Einkommensstarke (n = 129)
Positive Haltung zur EU	74,9	70,3	82,2	76,0	78,0	76,0
Negative Haltung zur EU	53,1	49,4	29,0	53,1	47,5	31,8

Hauptschulabschluss; Bildung mittel = Personen mit mittlerer Reife/10. Kl. Polytechnikum, Bildung hoch = Personen mit (Fach-)Abitur. Einteilung der Einkommenskategorien, gebildet über das Nettoäquivalenzeinkommen: Einkommensschwache < 70 %, Mittelschicht: ≥ 70 % – < 150 %, Einkommensstarke ≥ 150 % gemessen am Einkommensmedian.

ab, im Gegenteil: Wenn, dann sind es in der breiten Bevölkerung eher Frauen, Ostdeutsche, weniger gut Gebildete und Einkommensschwache, die sich für eine nationale Rückbesinnung aussprechen.

7.2 Welchen Anteil hat die ökonomische Krise?

Auch wenn bereits vor der Finanz- und Wirtschaftskrise Kritik an der EU geäußert wurde, so scheint sich diese mit der Euro-Krise doch deutlich verschärft zu haben. Eine Kritik an der EU argumentiert zudem häufig ganz unmittelbar mit dem Verweis auf die Krise. Umstritten ist, inwieweit ökonomische Krisen dann auch rechtsextreme Einstellungen (Küpper & Zick 2010) beziehungsweise die Wahl rechtsextremer Parteien befördern (Mudde 2014). Welchen Anteil haben individuelle Einschätzungen der persönlichen und gesamtwirtschaftlichen Lage auf die Haltung zur EU? Dies wird im Folgenden näher analysiert.

Gut ein Drittel der Befragten sorgt sich aufgrund der Eurokrise um das finanzielle Wohlergehen der Deutschen. So sind (38 %) der Befragten der Ansicht: »Der Lebensstandard deutscher Steuerzahler ist durch die Eurokrise erheblich gefährdet«, wenngleich fast ebenso viele (33 %) diese Ansicht nicht teilen beziehungsweise die mittlere Kategorie (29 %) wählen. Ähnlich gespalten sind die

Befragten bei der Aussage: »Ich mache mir wegen der Eurokrise ernsthaft Sorgen um die Ersparnisse deutscher Bürger« (43 % Zustimmung, 35 % Ablehnung, 22 % mittlere Kategorie). Beide Aussagen wurden zu einer zuverlässigen Skala zusammengefasst, die die Sorge um die finanzielle Lage der Deutschen wegen der Eurokrise spiegelt.[28] Je geringer das eigene Einkommen, desto stärker äußern die Befragten ihre Sorgen. Diejenigen, die sich klar für eine Rückbesinnung auf Deutschland aussprechen, machen sich mehr Sorgen um die finanzielle Situation der Deutschen aufgrund der Eurokrise (Korrelation r = .46***). Hier bietet sich ein Einfallstor für rechtspopulistische Akteure. Die Sorge um den eigenen Geldbeutel wird mit einer Forderung nach nationaler Rückbesinnung in Zusammenhang gebracht, wobei gerade Einkommensschwächere sich hierdurch angesprochen fühlen dürften, auch wenn gerade deren Einkommen bislang de facto kaum von der Eurokrise bedroht ist.

Zugleich fühlt sich die große Mehrheit der Befragten (75 %) selbst gar nicht oder eher nicht von der Krise bedroht (hier wurde ein vierstufiges Antwortformat verwendet) und 43 % der Befragten schätzen ihre eigene finanzielle Situation als eher gut ein; weitere 37 % wählen die mittlere Kategorie (hier lag ein fünfstufiges Antwortformat vor). Nur 24 % der Befragten blicken mit Sorge in die Zukunft und befürchten, es gehe ihnen im Vergleich zu heute in fünf Jahren finanziell schlechter, während 49 % annehmen, es gehe ihnen ungefähr gleich, und 27 % sehen sogar eine finanzielle Verbesserung. Die wirtschaftliche Lage in Deutschland beurteilt ein Großteil der Befragten recht positiv – 49 % schätzen die aktuelle wirtschaftliche Lage als eher oder sogar sehr gut ein, weitere 42 % wählen die mittlere Kategorie. Die überwiegende Zahl der Befragten (58 %) beurteilt die »wirtschaftliche Lage der Deutschen im Vergleich zu den hier lebenden Ausländern« als eher oder sehr gut, weitere 36 % antworten hier mit »weder gut noch schlecht«. Nur wenige Befragte (rund 6 %) fühlen sich demnach als Deutsche im Vergleich zu Ausländern relativ depriviert, das heißt vergleichsweise schlechter gestellt. In der Tendenz geht eine positive Haltung gegenüber der EU mit einer positiveren Beurteilung der eigenen finanziellen Lage beziehungsweise der von Deutschland sowie mit einem geringeren Gefühl der relativen Deprivation einher (Korrelationen von .08* bis

28 Die interne Konsistenz der Skala ist gut (Cronbach's Alpha = .78).

.17***; kontrolliert für Schulbildung), während umgekehrt eine negative Haltung gegenüber der EU mit einer negativeren Einschätzung der finanziellen Lage verbunden ist (Korrelationen von r = -.01 bis -.22***; kontrolliert für Schulbildung).[29]

Die Zusammenhänge zwischen einer positiven beziehungsweise negativen Haltung gegenüber der EU mit diesen direkten Einschätzungen der eigenen finanziellen Lage beziehungsweise der Deutschlands sind insgesamt überraschend schwach, während der Zusammenhang mit den Sorgen um den deutschen Steuerzahler beziehungsweise die Ersparnisse der Deutschen deutlich stärker ausgeprägt ist. Dieser Zusammenhang wird von EU-kritischen Akteuren auf der politischen Bühne deutlich betont und schlägt sich hier vermutlich nieder. Die eigene unmittelbare Einschätzung der finanziellen Lage scheint dagegen eher zweitrangig zu sein.

7.3 Europakritisch = rechts?

Europaskepsis und Europakritik ist quer durch viele politische Gruppen zu vernehmen, findet sich aber vor allem bei Akteuren beziehungsweise in Parteien des rechten, konservativen Spektrums. Wie andere europäische Länder, hat nun auch Deutschland mit der AfD erstmals eine europakritische Partei, die deutlich rechtspopulistische Züge trägt und in der sich zumindest einige Mitglieder in ihren Äußerungen klar rechts bis rechtsextrem positionieren, auch wenn sich der Parteivorstand von diesen regelmäßig distanziert (siehe auch Plehwe & Schlögl 2014; Preuß, van de Wetering & Zick 2014). Nun spiegeln Parteiprogramme nicht zwangsläufig die Einstellungen der (potentiellen) Wähler_innen wider. Es stellt sich daher die Frage, inwieweit mit Blick auf die breite Bevölkerung eine EU-kritische Haltung zu recht mit einer anti-demokratischen und rechten politischen Position in Verbindung gebracht wird.

29 Die in diesem und im folgenden Abschnitt vorgestellten Analysen wurden jeweils über den Einfluss der Schulbildung kontrolliert, die sowohl mit einer EU-kritischeren Haltung als auch mit einem größeren Gefühl relativer Deprivation, politischer Machtlosigkeit, mehr Demokratiezweifel und einer eher ökonomistischen Orientierung zusammenhängt (berechnet über eine Partialkorrelation unter Kontrolle der Schulbildung). Die hier berichteten Zusammenhänge können also nicht auf eine geringere Schulbildung zurückgeführt werden.

In der Gesamtstichprobe geben zum Zeitpunkt der Befragung im Juni 2014 68 Personen (4,3 %) an, die AfD mit ihrer Zweitstimme zu wählen, wenn am nächsten Sonntag Bundestagswahlen wären. Weitere 59 Personen (6 %) haben nach eigener Aussage schon einmal mit dem Gedanken gespielt, diese Partei zu wählen. Tatsächlich erweisen sich in der hier vorgestellten Umfrage Befragte, die offen angeben, mit ihrer Zweitstimme die AfD zu wählen beziehungsweise schon einmal mit diesem Gedanken gespielt zu haben, als deutlich europakritischer (dies gilt im Übrigen auch für die erklärten Nicht-Wähler).[30] Sie sprechen sich deutlich weniger für einen stärkeren Zusammenhalt der europäischen Länder aus als die Wähler anderer Parteien. Offensichtlich sind auch die Wähler der NPD auffallend europakritisch, allerdings ist die Stichprobe hier so klein, dass eine statistische Auswertung nicht möglich ist.

Deutlich wird jedoch: Je weiter rechts sich die Befragten selbst verorteten, desto stärker fordern sie eine Rückbesinnung auf Deutschland.[31] Der Trend verläuft nahezu linear von der Selbstverortung »links« bis »rechts«. Als »links« sehen sich selbst 6 % der Befragten, als »eher links« 20 %, als »genau in der Mitte« 61 %, als »eher rechts« 11,5 % und als »rechts« 2 %. Deutlich gegen ein stärkeres Zusammenwachsen sprechen sich jedoch nur die wenigen Befragten aus, die sich offen selbst rechts verorten. Die Mehrheit der Befragten, die sich selbst genau in der Mitte verorten, ist also für ein stärkeres Zusammenwachsen der europäischen Länder und verlangt zugleich eine Rückbesinnung auf beziehungsweise eine Stärkung von Deutschland gegenüber der EU (➠ siehe Abb. 7.3).

Welche weiteren politischen Einstellungen vertreten jene, die eine europakritische Haltung äußern, außerdem? Je stärker Befragte eine Rückbesinnung auf Deutschland fordern, desto nationalistischer sind sie eingestellt, gemessen an

30 Wie eingangs erwähnt, wurde nur eine zufällig ausgewählte Hälfte der Befragten nach ihrer Haltung zur EU befragt. Um eine ausreichend große Stichprobe für eine zuverlässige Aussage zu erhalten, haben wir daher die Angaben der Befragten, die auf die Sonntagsfrage antworten, die AfD zu wählen und jene, die sich dies vorstellen können, für diese Analysen addiert.

31 Die Unterschiede zwischen Befragten in ihrer Haltung zur EU in Abhängigkeit ihrer politischen Selbstverortung wurde jeweils mit einer multivariaten Varianzanalyse geprüft [multivariates $F(8, 1856) = 13.75$, $p < .001$; positive Haltung zur EU $F(4, 928) = 5.32$, $p < .001$; negative Haltung zur EU $F(4, 928) = 25.22$, $p < .001$].

Haltung zur EU nach politischer Selbstverortung
(Angaben in Prozent) **Grafik 7.3**

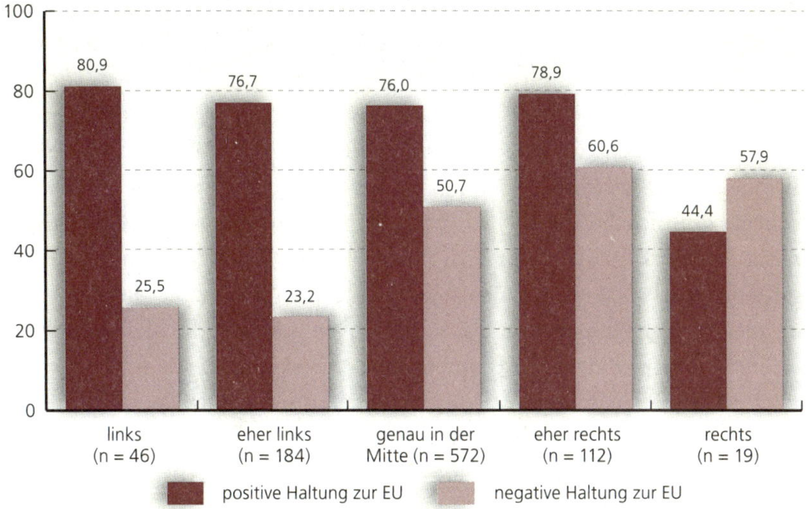

ihrer Zustimmung zu der Aussage: »Ich bin stolz, Deutsche/r zu sein« (vierstufiges Antwortformat; Korrelation r = .22***), während kein Zusammenhang zu einer positiven EU-Haltung besteht (Korrelation r = .0). Eine negative Haltung gegenüber der EU hängt zudem mit einer demokratiekritischen Einstellung zusammen, gemessen über die Aussage: »Die demokratischen Parteien zerreden alles und lösen die Probleme nicht« (Korrelation Demokratiezweifel/Pro-EU-Haltung = -.09**; Anti-EU-Haltung = .22***; vgl. zu den Einstellungen zur Demokratie auch Kap. 5).

Zudem geht eine anti-europäischen Haltung eher mit dem Gefühl politischer Machtlosigkeit einher, ablesbar an der Annahme, es sei sinnlos, sich politisch zu engagieren und Leute wie man selbst hätten ohnehin keinen Einfluss darauf, was die Regierung tut (Korrelation politische Machtlosigkeit/Pro-EU-Haltung = -.14***; politische Machtlosigkeit/Anti-EU-Haltung = .21***). Ebenso findet sich bei Befragten mit einer negativen Haltung gegenüber der EU eher eine ökonomistische Orientierung, die für ein neoliberales Weltbild steht, bei dem wenig Rücksicht auf Schwächere genommen wird (fünfstufiges Antwortformat; erfasst über die Aussagen »Menschliche Fehler können wir uns nicht mehr leisten« und »Menschen, die wenig nützlich sind, kann sich keine Gesellschaft leisten«; Korrelation zu den ökonomistischen Einstellungen unter Kontrolle der Schuldbildung/Pro-EU-Haltung = .06, Anti-EU-Haltung = .27***; ➠ vgl. Kap. 6).

Eine Reihe von Indikatoren verweist also in der Tat auf einen Hang von Befragten mit EU-kritischer Haltung zu Einstellungen mit extrem rechten Tendenzen. Zugleich fühlen sich diese Befragten politisch eher machtlos und gehen häufiger gar nicht erst zur Wahl. Ihr Weltbild ist eher neoliberal mit wenig Solidarität für sozial Schwächere, von denen sie sich deutlich abgrenzen. Hier sei an die eingangs vorgestellten demografischen Analysen erinnert, die diese Befragten als eher bildungsarm und einkommensschwächer skizzieren. Offenbar grenzen sich diese Befragten demonstrativ nach »unten« ab, was auch die weiteren, im Folgenden dargestellten Analysen über die Abwertung schwacher sozialer Gruppen (wie zum Beispiel Einwanderer) bestärken werden. Die Kritik an der EU und die Forderung nach einer Stärkung Deutschlands gegenüber der EU können in diesem Sinne auch als ein Versuch der Verteidigung von Privilegien verstanden werden, die durch das Zusammenwachsen in Europa vermeintlich bedroht sind.

7.4 Geht eine EU-kritische Haltung mit der Abwertung von Südeuropäern einher?

Die EU-kritischen Töne im Kontext der Finanzkrise und der Europawahl im Mai 2014 waren nicht selten von einer mehr oder minder offenen Abwertung der südeuropäischen Länder begleitet. Besonders gegenüber jenen Ländern, die Finanzhilfe benötigten oder noch benötigen könnten, wurden in einigen Medien und Debatten massive negative Stereotype geäußert. Ganzen Nationen wurde Korruption, Faulheit oder Inkompetenz unterstellt (ohne derweil Korruption, Faulheit und Inkompetenz im eigenen Land zu erwähnen), und zugleich ein extremes Sparprogramm aufgebürdet. Inwieweit spiegelt sich der Zusammenhang von EU-Kritik und Abwertung europäischer Länder auch in der Meinung der breiten Bevölkerung wider? Dies haben wir im nächsten Schritt geprüft.

Dazu haben wir gefragt, welches Bild die Holländer[32], Franzosen, Polen und Griechen bei den Befragten hervorrufen. Die Befragten wurden gebeten, dies wieder auf einer fünfstufigen Skala von »sehr positiv« bis »sehr negativ« anzugeben. Eine positive Haltung gegenüber der EU geht in der Tat mit einem tendenziell positiveren Bild der europäischen Nachbarn einher, umgekehrt eine EU-kritische Haltung mit einem negativeren Bild. Vergleichsweise schwach ist der beschriebene Zusammenhang mit Blick auf die Niederländer, vergleichsweise deutlicher mit Blick auf Griechen: Von den Befragten, die eher eine Anti-EU-Haltung vertreten, haben 4 % ein eher oder sehr negatives Bild von Holländern, 13 % von Franzosen, 15 % von Polen und 18 % von Griechen. Im Vergleich dazu haben von denjenigen, die keine Anti-EU-Haltung vertreten, 2 % ein eher oder sehr negatives Bild von den Holländern, je 6 % von Franzosen beziehungsweise Polen und 7 % von Griechen.

Offenbar wird die Forderung nach einer Rückbesinnung auf Deutschland also nicht selten von abwertenden Einstellungen gegenüber unseren europäischen Nachbarn begleitet. Dies zeigt sich am deutlichsten im Bild über Griechen, das bei jenen negativer ausfällt, die eine Rückbesinnung auf Deutschland fordern. Doch auch gegenüber Polen, Franzosen und selbst gegenüber unseren nordeuropäischen, wirtschaftlich starken niederländischen Nachbarn zeigt sich diese Tendenz, wenngleich nicht sehr ausgeprägt. Wesentlich deutlicher zeigt sich der skizzierte Zusammenhang in Bezug auf die Abwertung von Gruppen, die in Deutschland leben, wie der nächste Abschnitt zeigen wird.

7.5 Geht eine EU-kritische Haltung mit rechtsextremen und menschenfeindlichen Einstellungen einher?

In einem nächsten Schritt prüfen wir die Frage, inwieweit eine EU-kritische Haltung auch mit rechtsextremen Einstellungen sowie mit abwertenden und ausgrenzenden Einstellungen gegenüber sozialen Gruppen innerhalb Deutschlands einhergeht, wie sie im Syndrom Gruppenbezogener Menschenfeindlichkeit zu finden sind.

32 Hier wurde für ein leichteres Verständnis umgangssprachlich nach dem Bild von »Holländern« gefragt und nicht die korrekte Bezeichnung Niederländer verwendet.

Befragte mit einer negativen Haltung zur EU haben bei allen Facetten rechtsextremer Einstellungen signifikant höhere Zustimmungswerte (zu ganz ähnlichen Ergebnisse kommen auch Decker, Kiess & Brähler 2014).[33] Von den 45 % der Befragten mit EU-kritischer Haltung neigen 19 % zu einem nationalen Chauvinismus (zum Vergleich: knapp 3 % derjenigen ohne EU-kritische Haltung), befürworten 6,5 % eine rechtsgerichtete Diktatur (1,5 % derjenigen ohne EU-kritische Haltung), verharmlosen fast 3 % offen den Nationalsozialismus (0,4 % derjenigen ohne EU-kritische Haltung), vertreten rund 13 % ausländerfeindliche Einstellungen (3 % derjenigen ohne EU-kritische Haltung), haben nahezu 8 % antisemitische Einstellungen (0 % derjenigen ohne EU-kritische Haltung) und vertreten knapp 4 % sozialdarwinistische Positionen (1,3 % derjenigen ohne EU-kritische Haltung). Das genau umgekehrte Muster – mit Ausnahme der sozialdarwinistischen Orientierung – zeigt sich bei den Befragten, die sich positiv gegenüber der EU und dem weiteren Zusammenwachsen Europas äußern.

Die Befürchtung, eine EU-kritische Haltung gehe – zumindest bei einem Teil der Bevölkerung – auch mit menschenfeindlichen und rechten Tendenz einher, wird durch die Ergebnisse bestätigt. Die Zustimmung zu rechtsextremen und menschenfeindlichen Einstellungen von Befragten mit einer EU-kritischen beziehungsweise einer EU-positiven Haltung sind in Tabelle 7.5.1 zusammengefasst (➠ siehe Tab. 7.5.1).

Das Grundmuster der Ergebnisse ist mit Blick auf alle in dieser Studie berücksichtigten Elemente der Gruppenbezogenen Menschenfeindlichkeit ähnlich und überzufällig[34]: Befragte, die eine Anti-EU-Haltung vertreten, neigen stärker zur

33 Die Unterschiede zwischen Befragten in der Zustimmung zu rechtsextremen Einstellungen in Abhängigkeit ihrer Haltung zur EU wurde jeweils mit einer multivariaten Varianzanalyse geprüft [keine negative/negative Haltung zur EU multivariates $F (6, 763) = 47.90$, $p < .001$, alle univariaten F $p < .001$; keine positive/positive Haltung zur EU multivariates $F (6, 763) = 12.01$, $p < .001$, alle univariaten F $p < .001$].

34 Die Unterschiede zwischen Befragten im Ausmaß Gruppenbezogener Menschenfeindlichkeit in Abhängigkeit ihrer Haltung zur EU wurde jeweils mit einer multivariaten Varianzanalyse geprüft [keine negative/negative Haltung zur EU multivariates $F (12, 856) = 16.54$, $p < .001$, alle univariaten F $p < .001$; keine positive/positive Haltung zur EU multivariates $F (12, 858) = 5.10$, $p < .001$, alle univariaten F $p < .05$].

Zustimmung zu rechtsextremen Einstellungen bei Befragten mit positiver und mit negativer Haltung zur EU
(Angaben in Prozent)

Tabelle 7.5.1

	Rechts-autoritäre Diktatur	Verharm-losung NS	Natio-naler Chauvi-nismus	Auslän-derfeind-lichkeit	Antisemi-tismus	Sozial-darwinis-mus
Keine negative Haltung zur EU	1,5	0,4	2,8	2,1	0,0	1,3
Negative Haltung zur EU	6,5	2,9	19,1	12,9	7,6	3,7
Keine positive Haltung zur EU	6,3	3,8	15,2	12,1	5,7	1,7
Positive Haltung zur EU	3,0	0,9	8,6	5,5	2,7	2,6

Abwertung einer ganzen Reihe von sozialen Gruppen. Dies zeigt sich besonders ausgeprägt bei der Fremdenfeindlichkeit, der Abwertung von Muslimen, asylsuchenden und langzeitarbeitslosen Menschen sowie bei der Betonung von Etabliertenvorrechten. Beispielsweise stimmten von den 45 % der Befragten mit EU-kritischer Haltung rund ein Drittel (32 %) fremdenfeindlichen und 13,5 % klassisch antisemitischen Einstellungen eher zu, von den Befragten ohne EU-kritische Haltung vertreten nur 9 % fremdenfeindliche und 5 % antisemitische Einstellungen. Doch auch mit Blick auf ethnischen Rassismus, Antisemitismus und die Abwertung von Sinti und Roma findet sich das beschriebene Muster, und ebenso, wenngleich etwas schwächer, für die übrigen Elemente Gruppenbezogener Menschenfeindlichkeit wie der Abwertung von homosexuellen, wohnungslosen und behinderten Menschen sowie für Sexismus.

Insgesamt geringere, gleichwohl ebenfalls fast immer signifikante Unterschiede finden sich auch umgekehrt für Befragte mit positiver Haltung zur EU. Befragte, die sich für einen größeren Zusammenhalt und ein weiteres Zusammen-

Zustimmung zu Elementen Gruppenbezogener Menschenfeindlichkeit bei Befragten mit positiver und mit negativer Haltung zu EU
(Angaben in Prozent)

Tabelle 7.5.2

	Fremdenfeindlichkeit	Etabliertenvorrechte	Rassismus	Antisemitismus (alternative Messung)	Abwertung Muslime	Abwertung Sinti und Roma
Keine negative Haltung zur EU	9,1	30,3	4,1	5,2	10.0	19,7
Negative Haltung zur EU	32,4	53,3	12,7	13,5	24,4	35,4
Keine positive Haltung zur EU	29,1	45,2	10,3	9,1	25,4	37,1
Positive Haltung zur EU	16,9	39,3	7,3	8,8	13,8	23,7

Anmerkung Es geht hier jeweils um den Vergleich zwischen Befragten, die jeweils auf den beiden Subdimensionen positive und negative Haltung zu EU hohe bzw. niedrige Zustimmungswerte aufweisen. Aufgrund der unterschiedlichen »harten« bzw. »weichen« Formulierung der Aussagen sind die Prozentwerte zwischen den einzelnen Elementen Gruppenbezogener Menschenfeindlichkeit nicht vergleichbar.

wachsen in Europa aussprechen, tendieren weniger zur Gruppenbezogenen Menschenfeindlichkeit als jene, die hierzu keine positive Haltung vertreten; dieses umgekehrte Muster findet sich besonders ausgeprägt in Zusammenhang mit Fremdenfeindlichkeit, der Abwertung von Muslimen, Asylsuchenden und Sinti und Roma sowie, schwächer – wenngleich signifikant –, für alle anderen sozialen Gruppen (➠ siehe Tab. 7.5.2).

7.6 Wie nehmen EU-kritische Befragte das Problem Rechtsextremismus wahr?

Die Analysen verweisen auf einen Zusammenhang von EU-kritischer Haltung und einer Tendenz zu antidemokratischen Einstellungen. Vielen Befragten, die den jeweiligen Aussagen zustimmen, mag vielleicht gar nicht bewusst sein, dass

Zustimmung zu Elementen Gruppenbezogener Menschenfeindlichkeit bei Befragten mit positiver und mit negativer Haltung zu EU
(Angaben in Prozent) **Tabelle 7.5.2**

Abwertung …	… asylsuchender Menschen	Sexismus	… homosexueller Menschen	… behinderter Menschen	… langzeitarbeitsloser Menschen	… wohnungsloser Menschen
Keine negative Haltung zur EU	35,2	7,7	10,9	3,0	36,4	14,0
Negative Haltung zur EU	54,8	14,9	15,3	5,7	62,8	27,5
Keine positive Haltung zur EU	61,4	16,9	19,7	7,1	55,5	25,5
Positive Haltung zur EU	39,0	9,0	10,7	3,2	46,5	18,6

So lässt sich z. B. feststellen, dass Befragte, die ein negative Haltung zur EU haben, fremdenfeindlicher einstellt sind als jene, die keine negative Haltung zur EU haben. Hingegen ist z. B. die Aussage, weniger Befragte stimmen sexistischen als fremdenfeindlichen Aussagen zu, nicht zulässig.

ihre Einstellungen menschenfeindliche Tendenzen spiegeln und dass sie damit rechtsextremer Propaganda den Boden bereiten beziehungsweise sie dieser anheimfallen. Wie nahe eine EU-kritischer Haltung an rechtsextreme Einstellungen heranrückt, soll nun analysiert werden. Dazu wurde in Kapitel 3 ein Instrument zur Erfassung der Wahrnehmung von Rechtsextremismus vorgestellt. Es besteht aus fünf Aussagen zur Erfassung der Aufmerksamkeit gegenüber dem Rechtsextremismus, seiner Deutung als Problem, der Übernahme von Verantwortung gegen Rechtsextremismus, der Kenntnis von Strategien dagegen und der Relevanz eines Engagements gegen den Rechtsextremismus.

Eine Analyse der Unterschiede, die die Befragten in ihrer Einschätzung von Rechtsextremismus in Abhängigkeit ihrer Haltung zur EU erkennen ließen,

Einschätzung von Rechtsextremismus bei Befragten mit positiver und mit negativer Haltung zur EU
(Angaben in Prozent) **Grafik 7.6**

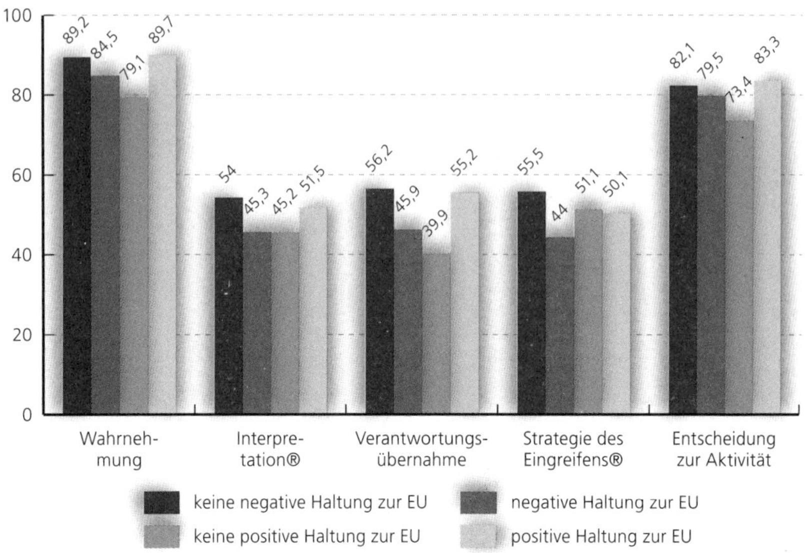

Anmerkung Alle Aussagen wurden so rekodiert, dass eine Zustimmung einen weiteren Schritt hin zu einem aktiven Handeln gegen Rechtsextremismus bedeutet. Die mit ® gekennzeichneten Stufen wurden in diesem Sinne rekodiert.

ergibt ein klares Bild (➠ siehe Abb. 7.6)[35]: Befragte, die sich für ein Zusammenwachsen der EU aussprechen, empfinden es bedrohlicher, wenn der Rechtsextremismus zunimmt, interpretieren ihn also stärker als ein Problem. Sie fühlen sich persönlich eher verantwortlich, etwas gegen Rechtsextremismus zu tun und fordern eher, dringend etwas gegen Rechtsextremismus zu unternehmen. Umgekehrt fühlen sich EU-kritische Befragte eher weniger bedroht, wenn Rechtsextremismus zunimmt, fühlen sich selbst persönlich weniger verantwort-

35 Die Unterschiede zwischen Befragten in ihrer Einschätzung von Rechtsextremismus in Abhängigkeit ihrer Haltung zur EU wurde jeweils mit einer multivariaten Varianzanalyse geprüft [keine negative/negative Haltung zur EU multivariates $F(5, 932) = 8{,}52$, $p < .001$, alle univariaten F $p < .05$ mit Ausnahme des Eingreifens, ns.; keine positive/positive Haltung zur EU multivariates $F(5, 933) = 9.93$, $p < .001$, alle univariaten F $p < .05$ mit Ausnahme der Strategie, ns].

lich, sind eher der Ansicht, Rechtsextremismus werde in den Medien hochgekocht, und es sei besser, ihn gar nicht zu beachten. Sie verfolgen hier also eher eine erwiesenermaßen ungeeignete Strategie und meinen auch seltener, es müsse etwas gegen Rechtsextremismus unternommen werden. Befragte mit einer EU-kritische Haltung stehen dem Problem des Rechtsextremismus also weniger engagiert gegenüber.

7.7 Zusammenfassende Betrachtung

Als Teil der europäischen Gemeinschaft ist jenseits aller ökonomischen Fragen auch der demokratische Zustand Deutschlands mit dem in Europa verbunden. Beargwöhnen deutsche Bürgerinnen und Bürger Europa oder werten es ab, dann geht das nicht selten mit antidemokratischen Haltungen einher. Das ist ein Ergebnis der empirischen Analysen. Dabei ist eine EU-kritische Haltung keinesfalls diffus. Sie geht mit einer gezielten Abwertung von europäischen Nachbarn und inländischen Gruppen einher, insbesondere jenen, die eingewandert sind. Rechtsextremismus und Gruppenbezogene Menschenfeindlichkeit haben sich inzwischen stark europäisiert. Für viele Deutsche ist dabei das europäische Ausland selbst zur Zielgruppe abwertender Orientierungen geworden.

Selbstverständlich sind nicht alle, die Kritik an der EU äußern, Rechtspopulisten oder gar Rechtsextremisten. Ähnlich wie bei der Demokratiekritik (➠ siehe Kap. 5) lebt das demokratische Europa von konstruktiver Kritik und der demokratischen Regulierung von Konflikten. Die Analyse des Meinungsbilds legt jedoch nahe, genauer hinzuschauen, von welchen Tönen eine emotional getönte, negative Kritik am weiteren Zusammenwachsen der EU-Länder begleitet wird. Eine beträchtliche Zahl von Menschen verbindet mit der Kritik auch eine Abwertung der europäischen Nachbarn, insbesondere in den südlichen Ländern, sowie eine Abwertung von sozialen Gruppen innerhalb Deutschlands. In den Meinungen spiegelt sich nach vorliegenden Analysen eine für Rechtspopulismus durchaus typische Gemengelage aus Elitenkritik und Demokratieverachtung. Hinzu kommt bei vielen EU-Kritikern eine neoliberale, ökonomistische Orientierung, die im Verbund mit Gruppenbezogener Menschenfeindlichkeit steht. Sie richtet sich gegen die vermeintlich »Fremden« (Immigranten, Juden, Muslime, Roma) sowie »Abweichenden« (nicht-heterosexuellen Menschen, aber auch Frauen im Sinne der Aufrechterhaltung tradierter Hierarchien zwischen

Männern und Frauen). Aber auch offen rechtsextreme Einstellungen – ablesbar unter anderem an ausländerfeindlichen und sozialdarwinistischen Orientierungen und der Befürwortung einer rechtsgerichteten Diktatur – können sich in diese Gemengelage mischen. Hinzu kommt eine Haltung zum Rechtsextremismus, die diesen als weniger bedrohlich und bekämpfenswert erachtet, und dies, je stärker eine Rückbesinnung auf Deutschland gegenüber der EU gefordert wird. Diese Mischung aus nationaler Rückbesinnung und Abwertung der »anderen« nach außen und innen scheint weit entfernt von einer kosmopolitischen Perspektive, wie sie Ulrich Beck (2014) in seinem Essay mit der Forderung »Europa braucht einen neuen Traum« beschreibt.

Allerdings zeigen die Analysen auch: Es sind in der Bevölkerung andere Milieus, die sich EU-skeptisch äußern, als es der Blick auf EU-kritische Akteure der politischen und medialen Szene vermuten lässt. Hier sind es nicht vorrangig ältere und besser gebildete Männer, die negativ zur EU stehen und eine Rückbesinnung auf Deutschland fordern, sondern Milieus, die sich auch in anderen Studien bereits als besonders anfällig für Gruppenbezogene Menschenfeindlichkeit beziehungsweise rechtsextreme Einstellungen erwiesen haben. Dazu gehören vor allem weniger gut gebildete und einkommensschwächere Personen (vgl. zum Beispiel Küpper & Zick 2010). Ähnlich wie es bei traditionellen Vorurteilen der Fall ist, gibt es in Bezug auf Europa eine feindseligere Haltung in prekären Gesellschaftsgruppen. Fehlt es hier an politischer Bildung? Hat hier ein antieuropäischer Populismus ganz anderer Milieus besonders stark gewirkt, zum Beispiel weil die Kritik an der EU und die Forderung, Deutschlands müsse mehr Stärke zeigen, eine Aufwertung der eigenen Situation und Person verspricht? Antworten können wir aus den Daten nicht einfach ableiten, aber es scheint geraten, die hier geäußerten Meinungen und Zusammenhänge ernst zu nehmen. Offensichtlich sind europakritische Töne attraktiv, und sie verdichten sich zu einem antieuropäischen Überzeugungssystem, das mehr ist als Europaskepsis. Wir beobachten eine Europafeindlichkeit, die nicht nur gegen politische oder finanzielle Eliten und ein schwerfälliges System gerichtet ist, sondern gegen Nachbarn in und außerhalb des Landes, gepaart mit einer größeren Bereitschaft, sich mit hartem Rechtsextremismus zumindest zu arrangieren. Vielleicht ist auch das ein Grund für die Blüte rechtsextremer und rechtspopulistischer Parteien quer durch Europa, denn radikal rechte Gruppen nehmen solche Stimmungen sehr genau wahr.

8 Bruch- und Nahtstellen eines fragilen Zustands

Zusammenfassung und Vorschläge für eine zivilcouragierte Bildung

Andreas Zick, Anna Klein

Die vorliegende Studie fällt in eine kritische Zeit. Innerdeutsche wie auch internationale gesellschaftliche Veränderungsprozesse prägen demokratische und antidemokratische Mentalitäten in besonderem Maße. Wir haben diese Mentalitäten nicht nur aus den Meinungen zur Demokratie direkt bestimmt, sondern am Umgang mit gesellschaftlichen Gruppen identifiziert. In dieser Hinsicht befindet sich das Land in einer kritischen Lage, die es anfällig, eben fragil macht. Dazu haben wir fünf Bruchstellen in den Mentalitäten der Bürger_innen genauer untersucht:

1. Rechtsextreme Orientierungen und Einstellungen zum Rechtsextremismus
2. Gruppenbezogene Menschenfeindlichkeit
3. Distanzen zur Demokratie
4. Kalte ökonomistische Haltungen zum Sozialleben
5. Feindliche Gesinnungen gegen die europäische Einheit und andere Länder

Es sind unseres Erachtens diese fünf Konfliktbereiche, die die aktuelle politische Fragilität der Gesellschaft im Jahr 2014 erzeugen, insbesondere dann, wenn sie in der Mitte der Gesellschaft verortet sind beziehungsweise hier Akzeptanz oder aktive Unterstützung finden. Im schlimmsten Falle kulminieren sie so, dass weite Teile der Bevölkerung in allen Bereichen antidemokratische Mentalitäten ausbilden und damit den demokratischen Konsens zerstören.

Da wir mit der Studie auch zwölf Jahre zurückblicken können, ist es möglich, einige signifikante Mentalitätstrends nachzuzeichnen. Diese fallen weder vom Himmel, noch repräsentieren sie Entwicklungen des »deutschen Charakters«. Mentalitäten können sich zu engen, dogmatischen Grundhaltungen verdichten, wie das im Falle der rechtsextremen Orientierungen zum Teil zutrifft. Bürger_innen, die in allen sechs Dimensionen extrem negative Meinungen zur Demokratie und zur Gleichwertigkeit von Gruppen aufweisen, sind für alternative Wahrnehmungen der gesellschaftlichen Zustände schwer zugänglich und neigen im Extremfall zur Durchsetzung ihrer Weltsicht mit Gewalt beziehungsweise sie akzeptieren Gewalt als Möglichkeit der Durchsetzung politischer Ziele. Für einen geringen Teil der »Normalbürger_innen« der Mitte trifft das sogar zu, wie wir beobachtet haben. Allerdings sollte bei aller Analyse individueller Wahrnehmungen berücksichtigt werden, wie sehr diese durch die Einbindung in Gruppen und gesellschaftliche Veränderungen geprägt sind. Individuen haben politische Überzeugungen, sie haben diese aber nur in dem Maße, wie ihre gesellschaftliche Umwelt ihnen das nahelegt, sie dazu auffordert, Alternativen nicht akzeptiert oder sogar mit sozialem Druck diese Überzeugungen einfordert.

Fragil wird die Demokratie – um das Bild »Glashaus Demokratie« aufzugreifen –, wenn gesellschaftliche Ereignisse und Prozesse politische und soziale Einstellungen produzieren, die für das demokratische Zusammenleben gefährlich sind. Das heißt eben auch, dass sich gesellschaftlich wichtige Prozesse auf die Meinungen auswirken. Die genannten fünf Bruchstellen einer fragilen Gesellschaft entstammen dem Wandel der Gesellschaft.

1. Rechtsextreme Orientierungen und Einstellungen zum Rechtsextremismus

Zu den wichtigsten politischen Herausforderungen, die die Demokratie von der Nachkriegszeit bis heute prägen, gehört die Frage, wie weit Deutschland sich von nationalsozialistischem und rechtsextremen Gedankengut, Handeln und der Verfestigung rechtsextremer Strukturen gelöst hat. Rechtsextremismus, sei er organisiert oder auch als kollektive Überzeugung von Bürger_innen vorhanden, ist ein Gefahrenindiz für den Zustand der Demokratie. Das ist der zentrale Anlass vieler Forschungsarbeiten, wie auch der vorliegenden. Der

Rechtsextremismus wird kontrolliert, aber er unterläuft Kontrollen, und er frisst sich in die Nahtstellen der Demokratie, weil er für viele Bürger_innen eine Alternative zur Demokratie ist. Nationalismus, Chauvinismus, Dominanz über Gruppen und Länder, einfache Schwarz-Weiß-Kategorien, Konformismus wie auch die simple Überzeugung, dass die eigene Gruppe genetisch überlegen sei, sind attraktive Weltsichten, sonst wäre der Rechtsextremismus längst verschwunden. Rechtsextreme Orientierungen verschaffen Zugehörigkeit, Macht, ein Verständnis des Weltgeschehens, Selbstwert durch Abwertung anderer und Vertrauen zwischen Menschen, die anderen misstrauen (Zick, Küpper & Hövermann 2011). Das alles ist weniger problematisch, wenn es sich in kleinen, gut kontrollierbaren und der Intervention zugänglichen Bereichen abspielt, weil Demokratien ständig mit Angriffen zu kämpfen haben. Aber rechtsextreme Orientierungen und die Ignoranz ihnen gegenüber in der Mitte der Bevölkerung sind eine große Gefahr für die Substanz der Gesellschaft.

Zu den signifikanten gesellschaftlichen Ereignissen gehörte vor diesem Hintergrund im Jahr 2014 auch der NSU-Prozess gegen Beate Zschäpe und weitere Mitangeklagte der rechtsextremen Szene. Dabei geht es nicht nur um die Angeklagten und die Frage, wie hier Gerechtigkeit für Hass-Taten hergestellt werden kann, sondern auch um die Frage nach dem Verhältnis zwischen staatlichen Institutionen und ihrer demokratischen Kontrolle sowie nach menschenfeindlichen Milieus, in denen die Sozialisation der Angeklagten erfolgte. Dies gilt in ähnlicher Weise auch für die immer stärker ins Bewusstsein tretende Gefahr durch Islamismus und Jihadismus. Diese Phänomene sind mit Rechtsextremismus zwar nicht gleichzusetzen, weil sie unterschiedliche politische beziehungsweise religiöse Motive haben, aber sie beeinflussen auf ähnliche Weise das gesellschaftliche Klima und zeigen das Ausmaß an Hass und Ideologie, das in Teilen der Gesellschaft vorhanden ist.

Der »NSU«-Prozess spielt sicherlich eine besondere Rolle, weil die eklatanten Fehler und Fehleinschätzungen im Zusammenhang mit den »NSU«-Morden Verunsicherung auslösen. Wir können die Effekte des Prozesses und des Bekanntwerdens von mörderischem Rechtsextremismus auf die Mentalitäten nicht genau abschätzen, aber die Ergebnisse der vorliegenden Studie müssen auch im Kontext dieser Ereignisse gedeutet werden.

Die Mitte-Studien der Friedrich-Ebert-Stiftung (bis 2012 in Kooperation mit der Universität Leipzig) bieten einen Monitor zum Ausmaß der Akzeptanz rechtsextremer Einstellungen in der breiten Bevölkerung, die selbst nicht rechtsextrem organisiert ist. Das ist der wohl sensibelste Test der Sollbruchstellen der Demokratie. Wir sind aber mit Blick auf den historischen Einschnitt, den der NSU-Prozess erzeugt hat, einen Schritt weiter gegangen und haben zur Frage nach der Repräsentation rechtsextremer Orientierungen bei Bürger_innen auch die Frage nach den Einstellungen der Bürger_innen zum Rechtsextremismus selbst gestellt. Rechtsextreme Orientierungen sind schließlich auch dann problematisch, wenn Menschen zwar demokratisch orientiert sind, aber Aktivitäten rechtsextremer Gruppen oder ihre Propaganda tolerieren oder sogar gutheißen. Insofern bieten die Ergebnisse der aktuellen Studie wichtige Aufschlüsse:

- Rechtsextreme Einstellungen sind im Vergleich zum Jahr 2012 in allen Teilen des Landes, deutschlandweit auch langfristig seit 2002, zurückgegangen. Dagegen war noch bis 2012 für den Osten Deutschlands ein dramatischer Anstieg (Verdopplung seit 2002) zu verzeichnen gewesen.
- Dieser Rückgang könnte eine Folge der als positiv wahrgenommenen wirtschaftlichen Entwicklung sein. Er könnte aber auch darauf zurückzuführen sein, dass nach der Aufdeckung des NSU rechtsextreme Einstellungen gesellschaftlich verstärkt geächtet und deshalb weniger offen kommuniziert werden.
- Nach wie vor finden wir eine weite Verbreitung insbesondere chauvinistischer und ausländerfeindlicher Einstellungen.
- Rechtsextreme Einstellungen finden wir auch bei Personen, die sich in der politischen Mitte verorten.
- Rechtsextreme Einstellungen sind in der sozioökonomischen Mitte am wenigsten verbreitet, was das Schrumpfen eben dieser sozioökonomischen Mitte besonders problematisch macht.
- Rechtsextreme Einstellungen sind eng mit Gewaltbereitschaft und Gewaltbilligung verbunden. Auch zeigt sich ein klarer Zusammenhang zwischen der Wahlintention für Parteien der extremen Rechten und rechtsextremen Einstellungen.

Zwar ist eine große Mehrheit der Deutschen der Meinung, gegen den Rechtsextremismus müsse dringend etwas getan werden. Persönliches Engagement gegen Rechtsextremismus scheitert jedoch häufig an einer klaren Einschätzung des Rechtsextremismus als Problem sowie an der persönlichen Verantwortungsübernahme und an den geeigneten Strategien, da fast die Hälfte der Deutschen gleichzeitig das Ignorieren für den angemessenen Umgang mit Rechtsextremismus hält.

2. Gruppenbezogene Menschenfeindlichkeit gegen schwache Gruppen

Eine zweite Sollbruchstelle, die an die rechtsextremen Orientierungen nahtlos anschließt und zentrale Teile der Gesellschaft mitreißt, ist die Gruppenbezogene Menschenfeindlichkeit (GMF). Feindseligkeiten gegenüber Gruppen, die als schwach gebrandmarkt werden, oder schwach sind, weil sie besonderer Integration bedürfen, erschüttern Gesellschaften nachhaltig und sie sollen das auch, so jedenfalls die Motive jener, die ihnen zustimmen. GMF ist gewissermaßen ein »Dauerbrenner« in der Analyse von Gefahren für eine lebendige Demokratie, weil sie ihren Grundwerten und -normen widerspricht.

Im Jahr dieses Berichtes prägen eine Reihe von Diskussionen um die Frage der Gleichwertigkeit von Gruppen die öffentlichen Debatten. Viele der Diskussionen waren und sind dabei von Stereotypen, Vorurteilen sowie diskriminierenden Bildern und Narrativen geprägt, also von Gruppenbezogener Menschenfeindlichkeit. Es lassen sich mit dem Blick auf besondere Debatten des Jahres 2014 einige signifikante öffentliche Thematisierungen der Ungleichwertigkeit von Gruppen ausmachen.

Erstens war die gesellschaftliche Debatte in Deutschland 2014 im Besonderen geprägt von einer Diskussion um die Bewertung der vermeintlichen Armutswanderung aus Osteuropa. Die Diskussion betraf im Besonderen die Zuwanderung von Roma, die in Deutschland zu einigen Protesten von Bürger_innen wie auch zivilcouragierter Unterstützung der Zuwanderer geführt hat. Das Thema stand auch deshalb im öffentlichen Raum, weil es sich an bestimmten Orten konzentrierte und zumindest medial diskutiert wurde, wie sehr die Zuwanderungszahlen nach der Öffnung gegenüber Rumänien und Bulgarien ansteigen würden. Zweitens gab es eine besondere Diskussion um das Adoptivrecht von gleichgeschlechtlichen Ehepaaren. Hier ist die Gleichwertigkeit im juristischen Sinne besonders tangiert. Drittens gab es erregte Debatten um

Antisemitismus und das Verhältnis zu Juden beziehungsweise dem Judentum. Sie resultierten aus den erschreckenden Propaganda- und Hasstaten gegen Juden. Festzuhalten ist auch, wie sehr sich im Sommer 2014 ein antisemitischer Hass im Zuge der Debatte um den Einsatz Israels im Gaza-Streifen zeigte. Dass er auf antisemitische Mentalitätsbestände zurückgreifen konnte, dokumentiert die Studie. Viertens gab es eine Reihe von Diskussionen um die Diskriminierung von Menschen mit Migrationshintergrund, nachdem die Studie des Sachverständigenrates für Integration zur anonymen Bewerbung auf dem Arbeitsmarkt sehr klar gemacht hatte, wie sehr Migrant_innen aufgrund ihrer Herkunft diskriminiert wurden. Schließlich kündigte sich auch eine neue Debatte an, die das Bundesjustizministerium mit einer Initiative zur gesetzlichen Regelung von Hate Speech und Hate Crimes in Gang brachte. All diese Diskurse können vor dem Hintergrund der vorliegenden Zahlen analysiert werden, denn die Studie überblickt Gruppenbezogene Menschenfeindlichkeit in einem Zeitraum von nunmehr zwölf Jahren und zeigt dabei einige wesentliche Entwicklungen:

- Gruppenbezogene Menschenfeindlichkeit ist in unserer Gesellschaft und deren Teilgruppen weit verbreitet. Einigen Facetten, wie der Abwertung von langzeitarbeitslosen und asylsuchenden Menschen, stimmt fast die Hälfte der Deutschen zu.
- Durch die zusätzliche Befragung im September 2014 wurde deutlich, dass Antisemitismus in Deutschland besonders in Form des sekundären und des israelbezogenen Antisemitismus und in Gestalt NS-vergleichender Israelkritik verbreitet ist. Klassischer Antisemitismus ist zwischen Juni und September 2014 – höchstwahrscheinlich bedingt durch den Gaza-Krieg – gegenläufig zum Gesamttrend seit 2004 wieder angestiegen.
- Im Jahr 2014 finden wir im Vergleich zum Jahr 2011 bei vielen Facetten Gruppenbezogener Menschenfeindlichkeit einen Rückgang, etwa beim Rassismus, bei der Fremdenfeindlichkeit oder bei der Islamfeindlichkeit.
- Einige Facetten der Gruppenbezogenen Menschenfeindlichkeit bleiben jedoch konstant, so die Abwertung von Menschen mit Behinderung und der Antisemitismus. Die Einforderung von Etabliertenvorrechten steigt signifikant an.

3. Distanzen zur Demokratie

Eine Grundfeste gegen gruppenbezogene Feindseligkeiten ist eine fest verankerte demokratische Überzeugung unter Bürger_innen. Die Haltung zur Demokratie birgt nach den rechtsextremen und menschenfeindlichen Mentalitäten eine dritte Sollbruchstelle für den Zusammenhalt und die Identität. Sie verweist auch auf einen Mangel an ausgleichender Konfliktregulation zwischen Gruppen. Während rechtsextreme und menschenfeindliche Meinungen beziehungsweise die Ablehnung derselben Indikatoren demokratischer Überzeugungen selbst sind, ist die Frage, wie die Demokratie gewissermaßen als Objekt der Einstellung selbst betrachtet wird, ebenfalls von zentraler Bedeutung für die Gesellschaft. Auch im aktuellen Zeitraum der Umfrage 2014 gab es öffentliche Themen, die die Frage nach den Einstellungen zur Demokratie bedeutsam gemacht haben. Einerseits wird die Einheit Ost- und Westdeutschlands ein Viertel Jahrhundert alt und sie geht mit einer Nachbetrachtung und Diskussion einher, die zumindest aus Sicht von ostdeutschen Bürger_innen nicht als Minderheitendiskussion abgetan werden darf. Einige Ost-West-Differenzen zeigen sich auch noch in der vorliegenden Studie. Auch die Diskussion darüber, wie weit die Verantwortung der bundesrepublikanischen Demokratie im Ausland gehen soll, ist ein zentraler Topos, der im Jahr 2014 relevant war und es in Zukunft bleiben wird. Er hat zunächst weniger mit den Themen, die wir in der Umfrage analysiert haben, zu tun, aber er berührt Fragen nach der Bedeutung der deutschen Demokratie im Verhältnis zur Konfliktregulation.

Mit Blick auf die Themen der vorliegenden Studie war der Aufstieg neuer Parteien und politischer Gruppierungen, die grundsätzliche Zweifel und Kritik an der Demokratie selbst äußerten, von großer Bedeutung. Es gab gewissermaßen eine Erosion der etablierten politischen Parteien, die sich schon vorher durch den Anstieg der Nicht-Wähler-Zahlen, die massive Kritik an der Europapolitik und das Versagen staatlicher, demokratischer, Behörden im Umgang mit dem Rechtsextremismus beziehungsweise seiner Förderung durch die Anwerbung von V-Leuten etc. ankündigte. In den letzten fünf Jahren konnte sich so eine Vielzahl kleinerer wie größerer demokratiekritischer politischer Gruppen und Parteien herausbilden. Das hat nicht nur Bedeutung für die Frage, wie es um die Einstellungen der Bürger_innen zur Demokratie selbst bestellt ist. Vielmehr hatte es im Kontext von rechtsextremen und menschenfeindlichen Orientierungen auch Bedeutung für die Entwicklung sogenannter rechtspopulistischer Überzeugungen. Demokratie steht immer in der Kritik, an ihr können Menschen immer zweifeln, weil sie anstrengend ist und Bürger_innen ständig in die individuelle Verantwortung nimmt. Problematisch ist es allerdings für die verbindende und ausgleichende Kraft der Demokratie, wenn sie sinnentleert wird und ihre Kraft verliert. Dazu hat die vorliegende Umfrage folgende Beobachtungen gemacht:

- Kritik an der Demokratie ist unter Bürgerinnen und Bürgern in Deutschland weit verbreitet.
- Es können mehrere Varianten der Kritik unterscheiden werden.
- Grundsätzliche Zweifel an der Funktionsfähigkeit von Demokratie und Misstrauen in politische Eliten stehen den demokratischen Grundwerten der Gleichwertigkeit, Gewaltfreiheit und Partizipation entgegen. Demokratiezweifel und das Misstrauen in politische Eliten gehen mit höherer Zustimmung zu den Facetten Gruppenbezogener Menschenfeindlichkeit, höherer Gewaltakzeptanz und geringerer Partizipationsbereitschaft einher.
- Kritische Einstellungen zur Demokratie können aber auch mit demokratischen Grundwerten kompatibel sein und diese geradezu fördern. Dabei handelt es sich um Kritiken, die sich nicht auf die Demokratie insgesamt beziehen, sondern auf bestimmte politische Phänomene, wie zum Beispiel die dominante Rolle der Ökonomie bei politischen Entscheidungen oder auf bestimmte Akteure, wie zum Beispiel die Rolle der Zivilgesellschaft.
- Aufgabe von Demokratiebildung wäre somit auch das Einüben der Kompetenz, differenziert Kritik an der Demokratie üben zu können.

4. Kalte ökonomistische Haltungen zum Sozialleben

Mit einem vierten Fokus haben wir eine aktuelle Sollbruchstelle ausgemacht, die auf den ersten Blick vielleicht wenig mit rechtsextremen und menschenfeindlichen Überzeugungen zu tun hat. Wir haben nach ökonomistischen Haltungen von Bürger_innen zum Sozial- und Zusammenleben gefragt. Hier geht es gewissermaßen um eine »kalte« Einschätzung und Beurteilung der Gesellschaft und ihrer Mitglieder, die weniger von »weichen Werten« wie Solidarität, Zivilcourage und Menschenfreundlichkeit geprägt ist, sondern vielmehr durch »harte Werte« der Wirtschaft und Ökonomie. Erfolg, Wettbewerb, Ellenbogengesellschaft, Kompetenz etc. sind die Gütesiegel und primäre Normen und Werte moderner Gesellschaften. Sie legitimieren Ungleichwertigkeitsvorstellungen gegenüber jenen Personen und Gruppen, die die Standards angeblich nicht erfüllen.

Bereits im Rahmen der Studien zur Gruppenbezogenen Menschenfeindlichkeit wie auch im Rahmen der Mitte-Studien wurden solche ökonomistischen Orientierungen untersucht. Dass wir uns gerade im Jahr 2014 noch einmal und mit besonderer Sorgfalt dem Thema gewidmet haben, ist auf aktuelle gesellschaftliche Veränderungen zurückzuführen. Die Wirtschafts- und Finanzkrise der Vorjahre hat deutlich gezeigt, wie sehr Deutschland von Wirtschafts- und Finanzfragen geprägt ist und wie sehr diese die Bemessung von sozialer Gleichheit und Gerechtigkeit bestimmen. Massive soziale Ungleichheiten, die mit der Krise einhergingen, sowie die Bedrohung der bürgerlichen Mitte, die von der Finanzkrise stark tangiert wurde, schienen weniger bedeutsam als die Frage nach der Stabilität und Wettbewerbsfähigkeit. Krisen haben Nachwirkungen und eine davon besteht darin, dass sich Wirtschaftlichkeit und eine ökonomistische Standardisierung noch weiter etablieren können. Das wurde gerade mit dem Blick auf die Haltung der Mehrheitsgesellschaft gegenüber Minoritäten besonders deutlich.

Das Credo, Menschen, die aus welchen Gründen auch immer Asyl und eine neue Heimat suchen, nach ihren Kompetenzen, ihrer Leistungs- und Anpassungsfähigkeit zu beurteilen, fand in der Öffentlichkeit großen Anklang und verband die Debatte in Deutschland mit der europäischen Debatte über Immigrationskriterien. Die Bemessung des Soziallebens nach ökonomischen Standards hat auch das Bild der Armutswanderung hervorgerufen und gewissermaßen alle anderen Motive von Wanderung und Migration fast völlig vergessen lassen. Aber nicht nur die Zuwanderung wurde auf die Frage nach Kosten-Nutzen abgestellt, nahezu alle Gruppen, die Ziel von Gruppenbezogener Menschenfeindlichkeit sind, werden dem Diktat der Ökonomisierung unterzogen. Es geht immer um die Frage der Bemessung und dabei erreicht die Ökonomisierung jene selbst, die sie vertreten. Die Mitte wie auch Gruppen, die als soziale Randgruppen betrachtet werden, unterwerfen sich selbst dem Diktat der Ökonomisierung des eigenen Lebens. Mit diesem Blick auf die Frage, wie sehr die Bürger_innen eine ökonomistische Orientierung aufweisen, hat die Studie folgende zentrale Beobachtungen gemacht:

- Weit verbreitete Forderungen nach mehr Eigeninitiative und Kreativität – wenn es darum geht, sich selbst gut zu verkaufen und Erfolg zu haben – stehen in einer engen Verbindung mit rabiateren Bewertungen von Menschen nach reinen Kosten-Nutzen Kalkülen und Wettbewerbsideologien. Sie begünstigen damit ein Gesamtphänomen in der deutschen Gesellschaft, das wir als marktförmigen Extremismus bezeichnen.
- Die Angst der Bürger_innen, dass sich durch die Eurokrise ihr Lebensstandard verschlechtern und ihre Ersparnisse in Gefahr sein könnten, geht stark mit dieser extremen Form marktförmigen Denkens und Beurteilens einher.
- Die Partei Alternative für Deutschland (AfD) scheint diese Verbindung aus Bedrohungsängsten und marktförmigem Extremismus als politisches Sprachrohr zu kanalisieren: Personen, die mit den Ideen der AfD sympathisieren, fühlen sich erheblich stärker bedroht und vertreten signifikant stärker marktförmigen Extremismus als der Durchschnitt der Bevölkerung. Beide Einstellungsmuster gehen zudem miteinander einher.
- Das extreme Effizienzdenken hängt eng mit rechtsextremen Ideen zusammen: Menschen, die marktförmigen Extremismus befürworten, tendieren auch dazu, die Aussagen zum Rechtsextremismus zu befürworten
- Besonders stark zeigte sich diese Verbindung in den Gruppen der AfD-Sympathisanten und der Bedrohten, und zwar vor allem für den Sozialdarwinismus: AfD-Sympathisanten und bedrohte Personen, die marktförmigem Extremismus zustimmten, vertraten auch besonders stark die Meinung, dass sich – wie in der Natur – auch in der Gesellschaft der Stärkere durchsetzen sollte, dass es wertvolles und unwertes Leben gäbe und dass die Deutschen anderen Völkern von Natur aus überlegen seien.
- Diese ökonomisch menschenfeindliche Verbindung von marktförmigem Extremismus mit Rechtsextremismus im wettbewerbspopulistischen Milieu deuten wir als reale Gefahr für die Demokratie, da solche Argumentationsmuster bis in die Mitte der Gesellschaft reichen.

5. Feindliche Gesinnungen gegen die europäische Einheit und andere Länder

Europa ist jene Staatengemeinschaft, in der Deutschland am engsten eingebunden ist. Sie ist neben einer Wirtschaftsunion auch eine Werte- und Normengemeinschaft. Im Jahr 2014 hatte sich ein Argwohn gegenüber Europa verfestigt. Maßgeblich spielte hier die Europawahl eine Rolle, die anti-europäische Meinungen kanalisierte. Allen voran agitierten rechtspopulistische Parteien oder Mitglieder etablierter Parteien medial erfolgreich gegen »Brüssel«. Die Agitation während der Wahlzeit konnte auch deshalb erfolgreich sein, weil die Bürger_innen in ihrer antieuropäischen Haltung einfacher anzusprechen waren. Dabei waren die wesentlichen Topoi dieses Wettbewerbs um die Gunst der Wähler_innen die Fragen der nationalen Autonomie, aber auch der Umgang mit sogenannten Krisenländern in der EU. Die politische Propaganda gegen die vermeintlich überbordende Kontrolle und Regulierung durch »Brüssel« verband sich mit einer auffälligen Entsolidarisierung gegenüber den schwächeren Ländern, die in eine »Raus-aus-dem-Euro-Stimmung« mündete. Die Europakritik einiger politischer und kultureller Eliten tarnte sich zwar mit einer primären ökonomischen Sorge, aber sie konnte auch an eine kalte ökonomistische Distanzierung gegenüber Schwächeren anknüpfen. Deutschland als Weltsozialamt? Hinter solchen Fragen erscheinen deutlich die Grenzen einer Integrationspolitik, die antidemokratischen wie menschenfeindlichen Orientierungen eine Klammer für ihren Protest bieten konnte. Jene ideologischen Teile rechtsextremer wie populistischer, menschenfeindlicher wie sozialdistanzierender Ideologiebausteine, die in der Bevölkerung akzeptiert werden, fanden in rechtspopulistischen Parteien eine neue Heimat. Der antieuropäische Reflex ist auch ein antidemokratischer Reflex, wenn er menschenfeindlich wird. Daher ist es geradezu geboten, den Blick der Deutschen auf Europa zu richten. Der »Rechtsruck«, den Europa kurz nach der hier vorliegenden Meinungsumfrage erlebt hat, hat die Gemeinschaft erschüttert. Erschütterungen in Europa wirken sich unmittelbar auf Deutschland aus, zumal wenn in Deutschland nicht wenige Menschen der Meinung sind, dass moderne Globalisierungsideen alten nationalen Ideen Platz machen sollten. Es ist also geboten, auch eine feindselige Haltung gegenüber Europa zu erfassen. Vor diesem Hintergrund konnten wir in der Umfrage des Jahres 2014 einige interessante Beobachtungen machen:

- Die überwiegende Mehrheit der Deutschen – 76 % der Befragten – hat nach wie vor eine positive Haltung zur EU. Gleichzeitig fordert aber auch fast die Hälfte – 45 % der Befragten – eine stärkere Rückbesinnung auf Deutschland. Fast ein Viertel der Befragten ist der Ansicht, Deutschland wäre ohne die EU besser dran.

- Es sind vor allem bildungs- und einkommensschwächere Befragte, die eine EU-kritische Haltung äußern. Sie machen sich Sorgen um Verluste für den deutschen Steuerzahler angesichts der Wirtschaft- und Finanzkrise in der EU.
- Wer eine EU-kritische Haltung an den Tag legt, vertritt zugleich mit einer größeren Wahrscheinlichkeit politische Positionen aus dem rechten Spektrum. So positionieren sich diese Befragten selbst eher rechts oder ganz rechts, sind nationalistisch eingestellt, zweifeln eher an der Demokratie mit ihren mühseligen Aushandlungsprozessen und fühlen sich zugleich eher politisch machtlos. Bekennende Wähler der neuen Partei »Alternative für Deutschland« (AfD) und jene, die schon einmal mit dem Gedanken gespielt haben die AfD zu wählen, sind ebenso wie die Nichtwähler deutlich EU-kritischer eingestellt.
- Eine EU-kritische Haltung geht dabei nicht nur mit einem negativeren Bild von den europäischen Nachbarn – insbesondere den Griechen – einher. Auch gegenüber potentiell schwächeren Gruppen innerhalb Deutschlands – zum Beispiel Einwanderern, Muslimen und langzeitarbeitslosen Menschen – ist die Tendenz zur Abwertung ausgeprägter.
- Eine EU-kritische Haltung geht insgesamt mit menschenfeindlichen und rechtsextremen Einstellungen Hand in Hand, und wer in diesem Sinne eine Rückbesinnung auf Deutschland fordert, empfindet gegenüber dem Rechtsextremismus weniger Handlungsbedarf.
- Keineswegs alle Befragten mit einer kritischen Haltung zur EU tendieren zu Menschenfeindlichkeit und Rechtsextremismus, aber die Wahrscheinlichkeit, dass beides zusammenfällt, ist hoch. Hier ist eine besondere Wachsamkeit gefordert, und Parteien, die sich der Demokratie verpflichtet fühlen, sollten dringend davor gewarnt sein, einer undifferenzierten EU-Kritik das Wort zu reden. Sie laufen Gefahr, auch ganz andere Abwertungstendenzen zu wecken.

Demokratie ist zerbrechlich – Gedanken zur Praxis ihrer Erhaltung

Wir haben die Demokratie als Glashaus bezeichnet, denn Demokratie lebt von Transparenz und starken Nahtstellen. Transparenz ermöglicht den Blick auf das, was andere Gruppen tun, mit denen wir verhandeln und auskommen müssen, ohne das Glas zu beschädigen. Die Transparenz kann eingetrübt, von antidemokratischen Gruppen missbraucht und erschüttert werden. Daher gehört zur Zustandsanalyse auch immer die Frage nach der Erhaltung des zerbrechlichen Glashauses.

Wir haben mit der Umfrage Bruchstellen, Splitter und Risse ausgemacht. Gibt es dafür nun einen geeigneten Klebstoff? Das war nicht primär die Frage der Studie, daher müssen wir zurückhaltend antworten. Die wichtigste Anregung aus Sicht der Studie wäre die Initiierung einer kontinuierlichen gesellschaftlichen Verständigungsdebatte darüber, wo das Land mit Blick auf die Frage nach der Gleichwertigkeit von Gruppen steht. Die Erfassung von Meinungen und Affekten, die wir betrieben, greift nicht ein, aber sie greift auf, und das könnte ein wichtiger Schritt sein. Studien wie jene, die wir hier vorlegen, können einen Impuls für die politische Bildung geben, weil sie einen Beitrag zum sogenannten Science-to-Action-Transfer leisten. Für die konkrete Praxis gibt es Vorschläge vieler NGOs, Projekte, Personen und Einrichtungen, um mit dem massiven Aufkommen rechtsextremer Hasstaten seit den 1990er Jahren umzugehen. Zahlreiche Handbücher zu konkreten Praxisbeispielen und -projekten liegen vor (zum Beispiel Molthagen & Korgel 2009; vgl. in diesem Zusammenhang auch die Handreichung der Friedrich-Ebert-Stiftung zum Umgang mit rechtsextremen Mandatsträgern auf kommunaler Ebene: Henßler & Overdieck 2014).

Die ermittelten Daten zu abwertenden und demokratiefeindlichen Orientierungen unterstreichen die Notwendigkeit politischer Bildung, und sie bieten konkrete Anhaltspunkte und Motivation für solche Bildungsarbeit, nicht zuletzt weil sich belegen lässt, dass sie hilft. Die Daten zeigen dabei, wie sehr zivilgesellschaftliche Courage im Sinne von Gegenpraxis notwendig ist. Mit Gegenpraxis sind Meinungen und Handlungen gegen den Angriff auf demokratische Grundüberzeugungen und gesellschaftliche Gruppen gemeint. Rechtsextreme und menschenfeindliche Orientierungen haben ein zentrales Motiv, wie langjährige Studien gezeigt haben: Sie drängen zur Normalisierung, indem sie den demokratischen Kontext aufbrechen und als attraktiver Nonkonformismus erscheinen. Perfiderweise lebt Demokratie gerade von jenem Nonkonformismus, den die Feinde der Demokratie für sich behaupten und damit attraktiv für Bürger_innen sind. Daher braucht politische Bildung zivilgesellschaftliche Courage und den Mut, Meinungen gegen den menschenfeindlichen Mainstream zu setzen. Damit meinen wir keine individuelle Kompetenz, sondern eine soziale Kompetenz, die mit anderen zusammen erlernt wird und dann besonders stark ist, wenn sie Gruppen an sich bindet; eben gruppenbezogen ist. Diese Kompetenz bezieht sich auf fünf wesentliche Handlungsbereiche gegen antidemokratische Orientierungen, die wir der Forschung zur Zivilcourage bzw. dem prosozialen Handeln entlehnen (➠ siehe Kap. 3 in diesem Band; Meyer 2014).

1. Aufmerksamkeit beibehalten

Damit Bürger_innen und demokratisch orientierte Organisationen sich gegen jene demokratiefeindlichen Meinungen schützen können, die wir erhoben haben, benötigt es Aufmerksamkeit. Wenn antidemokratische Mentalitäten die Aufmerksamkeitsschwelle unterlaufen, dann normalisieren sie sich. Sich auf mediale Aufmerksamkeiten bei Hate Crimes zu verlassen oder Aufmerksamkeit selektiv an Organisationen zu verteilen, wird nicht reichen. Gerade rechtsextreme Gruppen in Deutschland haben eine immer stärkere Kompetenz entwickelt, die Aufmerksamkeit zu unterlaufen; sie wissen, wie sie abgelenkt werden kann. Die Forschung zur Zivilcourage zeigt, wie zivilcouragiertes Handeln erst gar nicht zustande kommt, wenn es solche Ablenkungen gibt (zum Beispiel mangelnde Zeit, sich mit solchen Problemen zu beschäftigen, oder alternative Probleme).

Ein Faktor, den wir hervorgehobenen haben, ist auch die Ökonomisierung des Sozialen. Wenn in einer demokratischen Gesellschaft Leistung und individuelle Kompetenz den Vorrang vor allem anderen haben, dann eben auch den Vorrang bei der Aufmerksamkeit auf das, was relevant ist. Es ist sowieso schwer, die Aufmerksamkeit bei Phänomenen wie Rechtsextremismus oder Gruppenbezogener Menschenfeindlichkeit aufrecht zu erhalten, weil sie ja unangenehm sind. Für Kommunen, Einrichtungen und Gruppen ist es nicht einfach, den Blick auf die Schattenseiten des demokratischen Zusammenlebens zu richten. Es ist bisher auch noch nicht umfassend gelungen, die positiven und motivierenden Konsequenzen einer Aufmerksamkeit hervorzuheben, die jenseits medial attraktiver Inszenierungen liegt. Politische Bildung erhöht aber die Kompetenz ausgleichender Konfliktregulation und die ist in allen Lebensbereichen notwendig. Um die Aufmerksamkeit dabei auf die zentralen Phänomene, ihre Ursachen und Folgen lenken zu können, kann sie sich Studien wie der hier vorliegenden bedienen.

2. Lernen, die Phänomene richtig zu interpretieren

Ist die Aufmerksamkeit auf antidemokratische Orientierungen gerichtet, dann benötigt zivilcouragiertes Handeln die Fähigkeit, die Phänomene richtig zu interpretieren. Was bedeutet es, wenn rechtsextreme Parolen auftauchen? Wie drückt sich Gruppenbezogene Menschenfeindlichkeit aus und was steckt dahinter? Es wird evident, wie relevant politische Bildung ist, denn sie erhöht die Reflexionsfähigkeit. Hier kann auch eine Umfrage wie die vorliegende ihren Beitrag leisten, denn die Wissenchaftler_innen haben zunächst ihre Interpretation angeboten. Dabei ist natürlich eine zentrale Grundannahme, dass es nicht darum geht, eine allein gültige Interpretation vorzulegen. Wenn rechtsextreme und menschenfeindliche Orientierungen und Handlungen auftauchen, dann ist ein angemessenes Verständnis nur möglich, wenn diverse – auch sich widersprechende – Erklärungen an der Realität geprüft werden.

Auch hier erschweren äußere Faktoren mitunter eine angemessene Interpretation. Der Reflex, dass Studienergebnisse überinterpretiert und hochgekocht würden »eh nur auf Zahlen basieren« und die Realitäten nicht widerspiegelten, sind Behauptungen, denen wir oft begegnen. Dass im lokalen Kontext Praktiker_innen gegen Rechtsextremismus als Nestbeschmutzer dargestellt werden, gehört auch zur Realität, die wir durch Studien wie die vorliegende gar nicht abbilden können. Wie sehr der Rechtsextremismus verharmlost wurde, ist ein historischer Fakt, den der NSU-Prozess in das Stammbuch der Nachkriegsgeschichte Deutschlands geschrieben hat.

3. Verantwortung übernehmen

Meinungsumfragen wie auch eine institutionalisierte politische Bildung können in den ersten beiden Bereichen zivilcouragierter Kompetenz vermitteln. Eine anschließende Frage ist: Wer ist bereit, auch Verantwortung für die Praxis zu übernehmen? Politische Bildung kann vermitteln, wie und warum Verantwortung relevant ist, und sie kann helfen, Verantwortungsübernahme zu stärken. Sie muss sich aber auch selbst ständig die Frage stellen, welche Verantwortung sie hat und übernehmen kann. Erst dann ist sie in der Lage, anderen angemessen zu vermitteln, wie Verantwortungsübernahme erfolgen kann. Verantwortungsübernahme ist von ständiger Diffusion bedroht, gerade dann, wenn es um rechtsextreme und höchst gefährliche Phänomene geht. Rechtsextrem orientierte Gruppen sind gefährlich, weil sie Gewalt und Aggressionen als legitim beurteilen. Menschenfeindliche Orientierungen sind gefährlich, weil sie diese Legitimation von Gewalt vorbereiten und für ihre Zielgruppen schädigend wirken. Es ist verständlich, wenn Verantwortung gerne verschoben, verteilt und abgegeben wird. Es gibt viele Faktoren in der gesellschaftlichen Umwelt, die die Übernahme, Realisierung und Etablierung von Verantwortung stören und die Praxis damit blockieren. Politische Bildung, die Verantwortung vermitteln will, kann sich nicht allein darauf verlassen, dass alle Bürger_innen qua Recht und Gesetz Verantwortung haben; dazu sprechen die Zahlen unterlassener Hilfeleistung bei leichten wie schweren Taten eine zu eindeutige Sprache.

Die Einrichtung von Beratungsstellen war daher ein wichtiger Schritt. Anlaufstellen für Opfer von Gewalt, mobile Beratungsstellen und die langfristige Entwicklung von Projekten sind wichtig für die ersten drei Bereiche zivilcouragierten Handelns: Aufmerksamkeit, Interpretation der Phänomene und Verantwortungsübernahme. Diese drei Aufgaben können von Beratungsstellen im Sinne zivilgesellschaftlicher Schutz- und Unterstützungsangebote erfolgreich wahrgenommen werden.

4. Strategien lernen und üben

Sind Bürgerinnen und Bürger, Einrichtungen und Organisationen in den ersten drei Feldern gut ausgestattet, bedarf es für eine Praxis auch angemessener Handlungsstrategien. Zivilcourage und Toleranz, die mit Wertschätzung einhergehen (Klein 2014), können erlernt werden. Es gibt mittlerweile in Deutschland unzählige Projektideen und Praxisbeispiele, die publiziert sind. Einige davon sind gut evaluiert, sodass es kaum noch möglich ist, auf der vierten Stufe der Zivilcourage zu behaupten, es hätten keine Strategien gewählt werden können. Dennoch kann die Wahl einer eigenen Strategie äußerst schwer sein, wenn äußere Einflüsse sie behindern. Es braucht Zeit, Raum und angemessene Materialien, um den Lernprozess langfristig verankern zu können. Bürger_innen wie auch zivilgesellschaftliche Gruppen neigen dazu, ihre eigene Kompetenz zu überschätzen und davon auszugehen, dass sie schon wüssten, wie man zu handeln habe, solange bis der »Notfall« eintritt. Die Mitte der Gesellschaft ist ja auch insofern Mitte, als viele Bürger_innen meinen, wer Mitte ist, vertrete die Normalmeinung und wisse, was zu tun sei. Zudem wird mitunter die Meinung vertreten, dass sich Strategien gegen Rechtsextremismus und Menschenfeindlichkeit ausreichend in der schulischen Bildung vermitteln ließen. Wenn die vorliegenden Daten genau betrachtet werden, dann ist das jedoch ein Trugschluss, denn sonst fänden feindselige Meinungen nicht solch weite Verbreitung. Der Umgang mit Menschenfeindlichkeit und rechtsextremen Orientierungen verlangt gute Kenntnisse und spezifische Strategien, die eben auch eine spezifische Bildung erfordern und spezifische Übungen. Denn beide transformieren sich ständig, um ihre zentralen Motive zu realisieren, nämlich Räume und Worte zu ergreifen und zu besetzen.

5. Eingreifen und Handeln, wo es Not tut

Ist die zivilcouragierte Gesellschaft aufmerksam, hinreichend gebildet, verantwortungsbewusst und kennt sie Strategien, dann kann bedarf es immer des letzten Schrittes: einer aktiven Entscheidung zu handeln; eben gegen Menschenfeindlichkeit und für Menschen, die davon bedroht sind oder angegriffen werden. Dabei kann Handlung viele Facetten und Aspekte haben. Der Einsatz politischer Bildung in Bereichen, wo es sie bislang nicht gibt, kann schon eine Handlung sein. Die Durchführung von konkreten Projekten in Einrichtungen der traditionellen oder weiterführenden Bildung, die Etablierung von Beratungs- und Opferschutzstellen, auch die Organisation von Protesten oder die Durchführung von Trainings sind ebenfalls solche Handlungen. Die Zivilcourageforschung konzentriert sich auf die proaktive Handlung, also die Handlung für ein Opfer von Aggression und Gewalt. Zivilcouragiertes Handeln bei Rechtsextremismus muss aber auch das Handeln contra, also gegen antidemokratische und demokratiegefährdende Gruppen und Propaganda einschließen.

Der Erwerb von Kompetenzen der Reflexion und eines eigenen demokratischen Standpunktes stellt ebenfalls eine Handlung dar und ist zugleich Vorbereitung von Handlung. Allerdings lohnt es sich, das Verhältnis von Wissen und Praxis genauer zu betrachten, um zu verstehen, warum mitunter trotz aller Vorbereitungen im Notfall keine Handlung erfolgt. Selbst bei positiven und demokratisch verantwortungsvoll internalisierten Einstellungen kann zivilcouragiertes Handeln blockiert werden, wenn Normen und Werte der Umgebung gegenteilig sind. Zivilcouragierte Bildung bedarf eines gewissen Ausmaßes an Non-Konformismus. Das haben schon recht früh die Studien zu Bildungseinflüssen auf Vorurteile gezeigt. Nicht Empathie und Perspektivenübernahme lassen Bürger_innen gegen Menschenfeindlichkeit vorgehen, sondern der Bruch mit der Normalität der Menschenfeindlichkeit (siehe zum Beispiel Heyder 2003). Die Mitte ist eben nicht nur fragil, sondern auch normal feindselig. Hier ist wissenschaftliches Know-how wichtig: Es kann auf allen Ebenen Impulse geben, damit zivilcouragierte Bildung im besten Falle präventiv ist.

Gruppenbezogene Menschenfeindlichkeit ist ein zentrales Eingangstor für rechtsextreme Orientierungen, weil diese sich gewissermaßen ständig aus dem Reservoire der Menschenfeindlichkeit speisen. Das gelingt ihnen umso besser, je mehr auch Teile der Mehrheitsbevölkerung und im Besonderen jene, die sich als Mitte sehen beziehungsweise es auch sind, Ungleichwertigkeit als Normalzustand betrachten. Rechtsextremisten suchen nach der Bestätigung, dass sie eigentlich Vollstrecker des »Volkswillens« seien. Wenn sich Gruppenbezogene Menschenfeindlichkeit als Norm durchsetzt, Demokratie grundsätzlich angezweifelt oder sogar für gescheitert erklärt wird, wenn sich ein Sozialdarwinismus, der die Gesellschaft letztlich als Kampfarena der Besten sieht, breit macht oder Neid- und Missgunstdebatten sowie eine Distanzierung von Europa die Oberhand gewinnen, dann ist die Lage der Demokratie fragil.

Anhang

Glossar

*****/**/*:** Sternchen in Tabellen, Abbildungen oder im Lauftext drücken die Bedeutsamkeit der in der Stichprobe gefundenen Ergebnisse (zum Beispiel Zusammenhänge zwischen zwei Merkmalen in Form von Korrelationen oder Regressionskoeffizienten) aus, unter Berücksichtigung der Wahrscheinlichkeit, mit der sich die Forscherin und der Forscher irrt, wenn sie oder er von diesen Ergebnissen auf die Grundgesamtheit, in unserem Fall die deutsche Wohnbevölkerung ab 16 Jahren, schließt. Bei *** liegt diese Irrtumswahrscheinlichkeit nur bei 0,1 %, bei ** liegt sie 1 %, bei * liegt sie bei 5 %. Je kleiner die Irrtumswahrscheinlichkeit, desto bedeutsamer sind die gefundenen Ergebnisse für die Grundgesamtheit. Für mehr Informationen siehe auch unter *statistische Signifikanz.*

CATI-Verfahren (Computer Assisted Telephone Interviewing): Dieser Begriff bezeichnet eine computerunterstützte Befragung per Telefon. Im Gegensatz zum CAPI-Verfahren (Computer Assisted Personal Interviewing) führen die Interviewer die Befragung nicht in direkter Anwesenheit des Befragten durch, sondern von einem Telefonstudio aus. Die telefonische Durchführung der Interviews ist zeit- und kostensparend. Die Ergebnisse liegen direkt nach Ende der Erhebung in digitalisierter Form vor.

Cronbach's Alpha: siehe unter Reliabilität.

Faktorenanalyse (explorativ): Eine Methode der Zusammenfassung von direkt gemessenen Einzelitems zu sog. *Faktoren* mit dem Ziel, Dimensionen zu reduzieren, Struktur zu entdecken und mit einer Variable weiter rechnen zu können, die die nicht direkt beobachtbare Einstellung besser repräsentiert als die direkt erhobenen Einzelitems. Faktoren sind also nicht direkt beobachtbare, sogenannte *latente Konstrukte*, die, wenn man sie entsprechend in die Berechnung einfließen lässt, nicht mehr den Messfehler enthalten, den alle nicht latenten, also manifesten Einstellungsmessungen (lediglich direkt über die Fragen im Fragebogen konstruiert) beinhalten. Analysen mit *latenten Konstrukten* statt manifesten Einstellungsindikatoren liefern daher präzisere Ergebnisse. In der vorliegenden Studie wurde beispielsweise ein gemeinsamer Faktor für die drei Elemente des marktförmigen Extremismus (unternehmerischer Universalismus, Wettbewerbsideologie und ökonomistische Werthaltungen) gesucht, der inhaltlich das Gesamtphänomen marktförmiger Extremismus ausdrückt, also dem entspricht, was den drei Dimensionen gemeinsam ist. Bei der technischen Durchführung der explorativen Faktorenanalyse werden ein Eigenwert und eine aufgeklärte Varianz ausgewiesen, die angeben, wie viel Varianz aus allen Variablen durch den gemeinsamen, latenten Faktor erklärt wird. In der Interpretation der Faktorenanalyse wird eine Ursache gesucht, die für die Korrelation zwischen den Items und Elementen verantwortlich ist. In unserem Beispiel wird der marktförmige Extremismus als Ursache für die entstehenden Zusammenhänge der drei Elemente verstanden.

Item: Ein Item ist das kleinste Element innerhalb eines Fragebogens, mit dem ein Konstrukt gemessen werden kann. *Items* sind einzelne Aussagen/Fragen/Aufgaben, zu denen die Befragten ihre Zustimmung beziehungsweise Ablehnung auf mehrstufigen Skalen, beispielsweise zwischen »stimme überhaupt nicht zu« und »stimme voll und ganz zu« angeben sollen.

Korrelation/Produkt-Moment-Korrelation/r: Die Korrelation (statistischer Ausdruck dafür ist r) gibt an, wie eng der lineare Zusammenhang zwischen zwei Konstrukten oder Merkmalen ist. Sie kann einen Wert zwischen -1 und +1 annehmen. Der Wert 0 zeigt an, dass kein Zusammenhang vorliegt. Der Wert -1 zeigt einen perfekt-negativen, der Wert +1 einen perfekt-positiven Zusammenhang an. Ein positiver Zusammenhang bedeutet konkret: Je höher die Ausprägung auf Merkmal a ist, desto höher ist sie auch auf Merkmal b. Umgekehrt gilt bei einer negativen Korrelation: Je höher die Ausprägung auf Merkmal a ist, desto niedriger ist sie auf Merkmal b. Liegt kein Zusammenhang zwischen zwei Merkmalen vor, bedeutet das, Merkmal a tritt nicht gemeinsam mit Merkmal b auf. Eine Korrelation ist nur auf die Grundgesamtheit (hier: deutsche Wohnbevölkerung > 16 Jahre) zurückzuschließen, wenn diese statistisch signifikant ist. Sie lässt jedoch keine Schlüsse über die Richtung des kausalen Zusammenhangs zwischen a und b zu.

Latentes Konstrukt: Siehe unter Faktorenanalyse.

Mittelwertskala: Eine Zusammenfassung von einzelnen *Items* (siehe Item), die eine gemeinsame latente Dimension abbilden (siehe Faktorenanalyse), zu einer Skala (siehe Skala) über die Bildung eines Mittelwertes der Antworten zu den Einzelitems.

Quasi-metrisch: Als metrische Werte werden Werte bezeichnet, die mindestens intervallskaliert sind. Intervallskaliert bedeutet, dass der Abstand zwischen allen Werten als gleich groß angenommen werden kann. Zusammen mit der Kardinalskala ist das das höchste Skalenniveau, und man kann nur auf diesen Skalenniveaus die meisten statistischen Verfahren durchführen und bspw. Mittelwerte, Korrelationen oder Regressionen sinnvoll interpretieren. Da dieses Skalenniveau auch in der Meinungsforschung immer angestrebt wird, wird häufig der Begriff quasi-metrisch für Einstellungsmessungen mit vier- oder fünfstufigen Skalierungen benutzt. Damit ist in der Regel gemeint, dass auch Skalen mit nur drei, vier oder fünf Skalenpunkten so behandelt werden, als ob die Abstände zwischen den einzelnen Skalenpunkten gleich groß wären, um alle statistischen Verfahren damit durchführen zu können. Leichter zu rechtfertigen ist diese Interpretation bei fünfstufigen Skalen, bei denen die Endpunkte der Skala benannt werden (zum Beispiel 1 »trifft gar nicht zu« und 5 »trifft voll und ganz zu«).

Regressionsanalyse: Bei der Regressionsanalyse wird ein bestimmtes Merkmal durch ein anderes Merkmal erklärt. Dabei wird ein Merkmal als unabhängige Variable angenommen, welche das andere Merkmal als abhängige Variable beeinflusst. Es wird also untersucht, wie stark und welcher Art der Einfluss des einen auf das andere Merkmal ist. Im Gegensatz zu Korrelationen wird die Regressionsanalyse oft kausal interpretiert, indem die unabhängige Variable (zum Beispiel Alter) als Ursache für die abhängige Variable (zum Beispiel Sozialdarwinismus) angenommen wird. Streng genommen prüft die Regressionsanalyse in einem Querschnittsdatensatz jedoch nicht auf Kausalität, diese kann annähernd nur mit Längsschnittdaten getestet werden.

Reliabilität/Cronbach's Alpha: Die Reliabilität sozialwissenschaftlicher Messungen von Merkmalen und Einstellungen drückt ganz allgemein die Verlässlichkeit, Genauigkeit und Präzision aus, mit der diese gemessen werden. Präzise und genau ist die Messung dann, wenn sie frei von zufälligen Messfehlern ist und auch in anderen Befragungen unter gleichen Rahmenbedingungen das gleiche Messergebnis erzielt. Einstellungen und Orientierungsmuster, wie sie in der vorliegenden Studie gemessen werden, sind nicht direkt beobachtbar und auch schlecht direkt präzise messbar mittels einer einzigen Frage, daher werden oft Skalen (siehe Skalen) benutzt, die die darunter liegende, latente Einstellung besser abbilden können. Im Kontext von Skalen aus mehreren Items drückt die Reliabilität dann die interne Konsistenz dieser Skala aus zwei oder mehr Items aus, das heißt, inwieweit alle Items zuverlässig das gleiche latente Konstrukt messen. Die Berechnung des Wertes Cronbach's Alpha gilt als Standardmethode zur Schätzung der Reliabilität (Zuverlässigkeit) einer Skala, wobei Werte < .50 auf eine nicht reliable – eben nicht zuverlässige – Messung hinweisen. Laut Konvention zeigen Werte > .50 eine ausreichende Reliabilität an. Darüber hinaus ist der Alpha-Koeffizient von der Anzahl der Items abhängig: Je mehr Items verwendet werden, umso höher fällt der Wert aus. Eine hohe Reliabilität ist neben einer hohen Validität (siehe unter Validität) eines der wichtigsten Gütekriterien für empirische Untersuchungen.

Signifikanz/statistische Bedeutsamkeit: Wenn in der Stichprobe ein Zusammenhang in Form einer Korrelation oder eines Regressionskoeffizienten zwischen zwei Merkmalen gefunden wird, ist dieser Zusammenhang nicht zwangsläufig statistisch signifikant. Es muss stets überprüft werden, ob der Zusammenhang nicht auch zufällig entstanden sein könnte und nicht auf die interessierende Grundgesamtheit zurückzuschließen ist. Es wird also getestet, mit welcher Wahrscheinlichkeit die Zusammenhänge tatsächlich auf die Grundgesamtheit, die in unserer Studie die deutsche Wohnbevölkerung ab 16 Jahre ist, rückgeschlossen werden können. Diese Wahrscheinlichkeitsberechnungen (Inferenzstatistik) machen nur Sinn, wenn die Repräsentativität der Stichprobe für die Grundgesamtheit gegeben ist, was in den Studien dieses Bandes gewährleistet ist. Es ist also von signifikanten Zusammenhängen zwischen zwei Merkmalen in der Stichprobe die Rede, wenn diese nach der vorgegeben Irrtumswahrscheinlichkeit auch tatsächlich in der deutschen Bevölkerung existieren. Die Irrtumswahrscheinlichkeit p wird also dafür berechnet, dass der Zusammenhang möglicherweise zufällig bedingt ist und somit fälschlicherweise auf die deutsche Bevölkerung geschlossen wird. Bei einer Irrtumswahrscheinlichkeit von unter 5 % gilt ein Zusammenhang als statistisch signifikant und wird mit * markiert (siehe *Sternchen* oben), liegt sie unter 1 Prozent, so wird sie mit ** markiert und liegt die Irrtumswahrscheinlichkeit bei unter 0,1 Prozent, so ist der Zusammenhang hoch signifikant und wird mit *** markiert. Die Irrtumswahrscheinlichkeit wird in Dezimalzahlen angegeben; sie ist entweder kleiner als 5 Prozent ($p < .05$), kleiner als 1 Prozent ($p < .01$) oder kleiner als 0.1 Prozent ($p < .001$). Je nach Art des Unterschiedes (zum Beispiel Mittelwertunterschiede oder sich unterscheidende Häufigkeiten, Korrelationen oder Regressionskoeffizienten) wird die statistische Signifikanz mit unterschiedlichen Testverfahren berechnet.

Skala/Index: Eine Skala oder ein Index ist in der sozialwissenschaftlichen statistischen Analyse die Zusammenfassung von Einzelitems, von der durch Faktoren- und Reliabilitätsanalysen begründet angenommen werden kann, dass sie ein gemeinsames *latentes Konstrukt* (siehe unter Faktorenanalyse) abbilden kann. Skalen können über die Bildung von Mittelwerten (Mittelwertskala) oder über die Aufsummierung der Werte über alle Items (Summenindex) gebildet werden. Skalen und Indizes werden in der quantitativen Analyse gebildet, da sie zuverlässigere Information bieten als einzelne Aussagen. Durch die Zusammenfassung der Aussagen können Einflüsse zufälliger Fehler oder individueller Missverständnisse bei einzelnen Aussagen ausgeglichen werden.

Skalierung: In unserem spezifischen Kontext (Messung von subjektiver Einstellung in Telefonbefragungen) bedeutet Skalierung die Vergabe von Antwortkategorien bei einer Frage/einem Item im Fragebogen – diese können vierstufig oder fünfstufig sein, wobei streng genommen nur die fünfstufige Skalierung »quasi-metrische« (siehe *quasi-metrisch*) Variablen produziert, von denen also angenommen werden kann, dass sie kontinuierlich sind und somit alle statistischen Verfahren damit durchgeführt werden können. In der Praxis werden in derRegel aber auch vierstufige Antwortformate als quasi-metrisch angenommen.

Standardisierte Regressionskoeffizienten: Ähnlich wie die Korrelation gibt der standardisierte Regressionskoeffizient in einer Regressionsanalyse (siehe

Regressionsanalyse) die Stärke des Zusammenhangs zwischen einer abhängigen Variable und einer oder mehreren unabhängigen Variablen auf einer Skala zwischen 0 und 1 an. Der Wert 0 zeigt an, dass kein Zusammenhang vorliegt. Der Wert -1 zeigt einen perfekt-negativen, der Wert +1 einen perfekt-positiven Zusammenhang an. Ein positiver Regressionskoeffizient bedeutet konkret: Je höher die Ausprägung auf Merkmal a (unabhängige Variable), desto höher ist sie auch auf Merkmal b (abhängige Variable). Umgekehrt gilt bei einem negativen Regressionskoeffizienten: Je höher die Ausprägung auf Merkmal a (unabhängige Variable), desto niedriger ist sie auf Merkmal b (abhängige Variable). Liegt kein Zusammenhang zwischen zwei Merkmalen vor, bedeutet das, dass Merkmal a nicht gemeinsam mit Merkmal b auftritt. Standardisiert ist der Regressionskoeffizient, damit die Stärken unterschiedlicher Zusammenhänge aus verschiedenen Regressionsanalysen untereinander verglichen werden können und die Stärke des Zusammenhangs schnell durch die Standardisierung von 0 bis 1 erkennbar ist. Ein solcher Regressionskoeffizient ist nur auf die Grundgesamtheit (hier: deutsche Wohnbevölkerung > 16 Jahre) zurückzuschließen, wenn er statistisch signifikant ist.

Summenindex: Eine Zusammenfassung von einzelnen Items, die eine gemeinsame latente Dimension (siehe *Faktorenanalyse*) abbilden, zu einer Skala (siehe *Skala*) über die Addition aller Antworten zu den Einzelitems.

Validität: Drückt die Gültigkeit beziehungsweise die inhaltliche Angemessenheit einer Messung aus. Eine valide Messung misst tatsächlich das, was sie vorgibt zu messen, was in den sozialwissenschaftlichen Messungen von Einstellungen und Ideologien weniger klar ist als in den Naturwissenschaften. Validität ist neben der Reliabilität (siehe *Reliabilität*), ein ganz zentrales Qualitätskriterium psychologischer und sozialwissenschaftlicher Messungen.

Varianzanalyse: Eine Varianzanalyse überprüft den Einfluss von einem *(univariat)* oder mehreren *(multivariat)* kategorialen Faktoren mit mehreren Ausprägungen auf eine oder mehrere abhängige Variablen. Mittels der Varianzanalyse könnte zum Beispiel der Einfluss des Faktors Bildung (niedrig/mittel/hoch) auf die abhängige Variable Rechtsextremismus untersucht werden. Als Ergebnis wird angegeben, wie viel der Abweichung vom Mittelwert durch ein oder mehrere andere Merkmale verursacht wird; in diesem Fall also, ob der Faktor Bildung beziehungsweise die Zugehörigkeit zu einer der drei Bildungs-Gruppen (niedrig/mittel/hoch) die höheren oder niedrigeren Werte von Rechtsextremismus erklärt. Wie viel von dieser Abweichung durch den untersuchten Faktor erklärt wird, wird in Prozent als Wert der Varianzaufklärung angegeben.

Literatur

Asbrock, F., Lemmer, G., Wagner, U., Becker, J. & Koller, J. (2009). Das Gefühl macht den Unterschied. Emotionen gegenüber »Ausländern« in Ost- und Westdeutschland. In: Heitmeyer, W. (Hg.). *Deutsche Zustände. Folge 7*, 152-167. Frankfurt a. M.: Suhrkamp.

Bäckström, M. & Björklund, F. (2007). Structural modeling of generalized prejudice. The role of social dominance, authoritarianism, and empathy. *Journal of Individual Differences* 28/1, 10-17.

Bebnowski, D. & Förster, J. (2014). *Wettbewerbspopulismus. Die Alternative für Deutschland und die Rolle der Ökonomen*. Frankfurt a. M.: Otto Brenner Stiftung.

Beck, U. (2014). Europa braucht einen neuen Traum. *Aus Politik und Zeitgeschichte* 12/2014, 9-15.

Beckert, J. (2009). Die Anspruchsinflation des Wirtschaftssystems. In: Max-Planck-Institut für Gesellschaftsforschung (Hg.). *MPIfG Working Paper 09/10*. Köln: MPIfG.

Bergmann, W. & Erb, R. (1986). Kommunikationslatenz, Moral und öffentliche Meinung. Theoretische Überlegungen zum Antisemitismus in der Bundesrepublik Deutschland. *Kölner Zeitschrift für Soziologie und Sozialpsychologie* 38, 223-246.

Bröckling, U. (2007). *Das unternehmerische Selbst. Soziologie einer Subjektivierungsform*. Frankfurt a. M.: Suhrkamp.

Bundesministerium des Innern (BMI) (2014). *Verfassungsschutzbericht 2013*. [http://www.verfassungsschutz.de/download/vsbericht-2013.pdf – letzter Aufruf: 20.08.2014].

Bundesministerium für Wirtschaft und Arbeit (BMWA) (2005). *Vorrang für die Anständigen – Gegen Missbrauch, »Abzocke« und Selbstbedienung im Sozialstaat*. Berlin: BMWA.

Butterwegge, C. (2002). *Rechtsextremismus*. Freiburg i. Br.: Herder.

Crouch, C. (2008). *Postdemokratie*. Frankfurt a. M.: Suhrkamp.

Decker, O. & Brähler E. (2006). *Vom Rand zur Mitte. Rechtsextreme Einstellungen und ihre Einflussfaktoren in Deutschland*. Berlin: Friedrich-Ebert-Stiftung.

Decker, O. & Brähler, E. (2008). *Bewegung in der Mitte. Rechtsextreme Einstellungen in Deutschland 2008*. Berlin: Friedrich-Ebert-Stiftung.

Decker, O., Kiess, J. & Brähler, E. (2012). *Die Mitte im Umbruch. Rechtsextreme Einstellungen in Deutschland 2012.* Herausgegeben für die Friedrich-Ebert-Stiftung von Ralf Melzer. Bonn: Dietz.

Decker, O., Kiess, J. & Brähler, E. (2014). *Die stabilisierte Mitte. Rechtsextreme Einstellungen in Deutschland 2014.* Berlin: Friedrich-Ebert-Stiftung.

Decker, O., Rothe, K., Weissmann, M., Geißler, N. & Brähler, E. (2008). *Ein Blick in die Mitte. Zur Entstehung rechtsextremer und demokratischer Einstellungen in Deutschland.* Berlin: Friedrich-Ebert-Stiftung.

Dovidio, J. F. & Hebl, M. R. (2005). Discrimination at the level of the individual: Cognitive and affective factors. In: Dipboye, R. L. & Colella, A. (Hg.). *Discrimination at work*, 305-323. New Jersey: Lawrence Erlbaum.

Elias, N. & Scotson, J. L. (1965). *The established and the outsiders: a sociological enquiry into community problems.* London: Cass.

Embacher, S. (2009). *Demokratie! Nein Danke? Demokratieverdruss in Deutschland. Die neue Studie der Friedrich-Ebert-Stiftung.* Bonn: Dietz.

Gabler, S. & Häder, S. (1997). Überlegungen zu einem Stichprobendesign in Deutschland. *ZUMA-Nachrichten* 41, 45-61.

Geißel, B. (2004). Kritiker gut für die Demokratie. Dynamik durch Zufriedene und Unzufriedene. *WZB-Mitteilungen* 105, 47-49.

Geißel, B. (2006). Kritische Bürgerinnen und Bürger – eine Gefahr für Demokratien? *Aus Politik und Zeitgeschichte* 1/2006, 3-9.

Goebel, J., Gornig, M., Häußermann, H. (2010). Polarisierung der Einkommen: Die Mittelschicht verliert. *Wochenbericht des DIW Berlin* 24.

Groß, E., Gundlach, J. & Heitmeyer, W. (2010). Die Ökonomisierung der Gesellschaft. Ein Nährboden für Gruppenbezogene Menschenfeindlichkeit in oberen Status- und Einkommensgruppen. In: Heitmeyer, W. (Hg.). *Deutsche Zustände. Folge 9*, 138-157. Berlin: Suhrkamp.

Groß, E. & Hövermann, A. (2013). Die Abwertung von Menschen mit Behinderung in Deutschland – ein Element der Gruppenbezogenen Menschenfeindlichkeit im Fokus von Effizienzkalkülen. *Behindertenpädagogik* 4, 341-352.

Groß, E., Zick, A. & Krause, D. (2012). Gruppenbezogene Menschenfeindlichkeit. *Aus Politik und Zeitgeschichte* 62/16-17, 11-18.

Häusler, A. (2014). Interview der Friedrich-Ebert-Stiftung Niedersachsen. [http://www.fes.de/niedersachsen/common/pdf/2014/03_14_Interview_Europa.pdf – letzter Aufruf: 10.10.2014].

Heitmeyer, W. (1987). *Rechtsextremistische Orientierungen bei Jugendlichen. Empirische Ergebnisse und Erklärungsmuster einer Untersuchung zur politischen Sozialisation.* Weinheim/München: Juventa.

Heitmeyer, W. (2001). Autoritärer Kapitalismus, Demokratieentleerung und Rechtspopulismus. Eine Analyse von Entwicklungstendenzen. In: Loch, D. & Heitmeyer, W. (Hg.). *Schattenseiten der Globalisierung*, 497-532. Frankfurt a. M.: Suhrkamp.

Heitmeyer, W. (2002–2012). *Deutsche Zustände. Folge 1-10.* Frankfurt a. M./ Berlin: Suhrkamp.

Heitmeyer, W. (2009). Leben wir immer noch in zwei Gesellschaften? 20 Jahre Vereinigungsprozess und die Situation Gruppenbezogener Menschenfeindlichkeit. In: Ders. (Hg.). *Deutsche Zustände. Folge 7,* 13-49. Frankfurt a. M.: Suhrkamp.

Heitmeyer, W. & Endrikat, K. (2008). Die Ökonomisierung des Sozialen. Folgen für »Überflüssige« und »Nutzlose«. In: Heitmeyer, W. (Hg.). *Deutsche Zustände. Folge 6,* 55-73. Frankfurt a. M.: Suhrkamp.

Heitmeyer, W. & Mansel, J. (2003). Entleerung der Demokratie. Die unübersichtlichen Folgen sind weitreichend. In: Heitmeyer, W. (Hg.). *Deutsche Zustände. Folge 2,* 35-60. Frankfurt a. M.: Suhrkamp.

Heitmeyer, W. & Mansel, J. (2008). Gesellschaftliche Entwicklung und Gruppenbezogene Menschenfeindlichkeit: Unübersichtliche Perspektiven. In: Heitmeyer, W. (Hg.). *Deutsche Zustände. Folge 6,* 13-35. Frankfurt a. M.: Suhrkamp.

Henßler, V. & Overdieck, U. (2014). *Vor Ort entscheidet – Kommunale Strategien gegen Rechtsextremismus.* Berlin: FES.

Herrmann, U. (2012). *Hurra, wir dürfen zahlen: Der Selbstbetrug der Mittelschicht.* München: Pieper.

Heyder, A. (2003). Bessere Bildung, bessere Menschen? Genaueres Hinsehen hilft weiter. In: Heitmeyer, W. (Hg.). *Deutsche Zustände. Folge 2,* 78-99. Frankfurt a. M.: Suhrkamp.

Heyder, A., Iser, J. & Schmidt, P. (2005). Israelkritik oder Antisemitismus? Meinungsbildung zwischen Öffentlichkeit, Medien und Tabus. In: Heitmeyer, W. (Hg.). *Deutsche Zustände. Folge 3*, 144-165. Frankfurt a. M.: Suhrkamp.

Hüpping, S. & Reinecke, J. (2007). Die Bedeutung sozioökonomischer Entwicklungen für Orientierungslosigkeit und Gruppenbezogene Menschenfeindlichkeit. In: Heitmeyer, W. (Hg.). *Deutsche Zustände. Folge 5*, 77-101. Frankfurt a. M.: Suhrkamp.

Klein, A. (2014). *Toleranz und Vorurteil: Zum Verhältnis von Toleranz und Wertschätzung zu Vorurteilen und Diskriminierung.* Opladen: Barbara Budrich.

Klein, A. & Groß, E. (2012). Rechtsextremismus und Gruppenbezogene Menschenfeindlichkeit. *Vorgänge. Zeitschrift für Bürgerrechte* 51/1, 39-51.

Klein, A. & Heitmeyer, W. (2010). Wenn die Wut kein politisches Ventil findet. Politische Kapitulation und die Folgen für schwache Gruppen. In: Heitmeyer, W. (Hg.). *Deutsche Zustände. Folge 8*, 164-185. Berlin: Suhrkamp.

Klein, A. & Heitmeyer, W. (2011). Demokratieentleerung und Ökonomisierung des Sozialen: Ungleichwertigkeit als Folge verschobener Kontrollbilanzen. *Leviathan. Berliner Zeitschrift für Sozialwissenschaft* 39, 361-383.

Klein, A., Küpper, B. & Zick, A. (2009). Rechtspopulismus im vereinigten Deutschland als Ergebnis von Benachteiligungsgefühlen und Demokratiekritik. In: Heitmeyer, W. (Hg.). *Deutsche Zustände. Folge 7*, 93-112. Frankfurt a. M.: Suhrkamp.

Küpper, B. & Heitmeyer, W. (2005). Feindselige Frauen. Zwischen Angst, Zugehörigkeit und Durchsetzungsideologie. In: Heitmeyer, W. (Hg.). *Deutsche Zustände. Folge 3*, 108-128. Frankfurt a. M.: Suhrkamp.

Küpper, B. & Zick, A. (2010). Macht Armut menschenfeindlich? Zusammenhänge in acht europäischen Ländern. In: Heitmeyer, W. (Hg.). *Deutsche Zustände. Folge 9*, 84-105. Frankfurt a. M.: Suhrkamp.

Lemke, T., Krasmann, S. & Bröckling, U. (2000). Governementalität, Neoliberalismus und Selbsttechnologie. Eine Einleitung. In: Bröckling, U., Krasmann, S. & Lemke, T. (Hrsg). *Governementalität der Gegenwart. Studien zur Ökonomisierung des Sozialen.* Frankfurt a. M.: Suhrkamp.

Lessenich, S. (2008). *Die Neuerfindung des Sozialen. Der Sozialstaat im flexiblen Kapitalismus.* Bielefeld: transcript.

Lessenich, S. (2009). Mobilität und Kontrolle. Zur Dialektik der Aktivgesellschaft. In: Dörre, K., Lessenich, S. & Rosa, H. (Hg.). *Soziologie – Kapitalismus – Kritik. Eine Debatte.* Frankfurt a. M.: Suhrkamp.

Mansel, J. & Endrikat, K. (2007). Die Abwertung der »Überflüssigen« und »Nutzlosen« als Folge der Ökonomisierung der Lebenswelt. *Soziale Probleme* 18, 173-196.

Meyer, G. (2014). *Mut und Zivilcourage: Grundlagen und gesellschaftliche Praxis.* Opladen: Barbara Budrich.

Molthagen, D. & Korgel, L. (Hg.) (2009). *Handbuch für die kommunale Auseinandersetzung mit dem Rechtsextremismus.* Berlin: Friedrich-Ebert-Stiftung.

Mudde, C. (2014). Rechtsaußen, die Große Rezession und die Europawahlen 2014. *Aus Politik und Zeitgeschichte* 12/2014, 16-24.

Mut gegen rechte Gewalt (2012). 184 Todesopfer rechter Gewalt in den einzelnen Bundesländern. *Mut gegen rechte Gewalt, 17.08.2012* [https://www.mut-gegen-rechte-gewalt.de/news/reportagen/184-todesopfer-rechter-gewalt-den-einzelnen-bundeslaendern-2012-08 – letzter Aufruf: 23.07.2014].

Neckel, S. & Dröge, K. (2002). Die Verdienste und ihr Preis: Leistung in der Marktgesellschaft. In: Honneth, A. (Hg.). *Befreiung aus der Mündigkeit. Paradoxien des gegenwärtigen Kapitalismus*, 93-116. Frankfurt/New York

Niedermayer, O. (2001). *Bürger und Politik. Politische Orientierungen und Verhaltensweisen der Deutschen. Eine Einführung.* Wiesbaden: VS.

Norris, P. (1999). *Critical Citizens. Global Support for Democratic Governance.* Oxford: Oxford University Press.

Opitz, S. (2004). *Gouvernementalität im Postfordismus: Macht, Wissen und Techniken des Selbst im Feld unternehmerischer Rationalität.* Hamburg: Argument.

Peters, M. (2001). Education, Enterprise Culture and the Entrepreneurial Self: A Foucauldian Perspective. *Journal of Educational Enquiry* 2/2, 58-71.

Peters, M. (2014). Wider die EU-Skepsis. *Aus Politik und Zeitgeschichte* 12/2014, 37-41.

Plehwe, D. & Schlögl, M. (2014). *Europäische und zivilgesellschaftliche Hintergründe der euro(pa)skeptischen Partei Alternative für Deutschland (AfD).* WZB Discussion Paper [https://www.econstor.eu/dspace/bitstream/10419/94369/1/780102029.pdf – letzter Aufruf: 04.09.2014].

Preuß, M., van de Wetering, D. & Zick, A. (2014). *Rechtspopulismus in Niedersachsen und Bremen. Eine Analyse der Agitation und Verbreitung rechtspopulistischer Orientierungen in der Bevölkerung.* IKG Working Paper Series, 1/2014. Bielefeld: Institut für interdisziplinäre Konflikt- und Gewaltforschung.

Prinz, S. & Wuggenig, U. (2007). Das unternehmerische Selbst? Zur Realpolitik der Humankapitalproduktion. In: Krasmann, S. & Volkmer, M. (Hg.). *Michel Foucaults Geschichte der Gouvernementalität in den Sozialwissenschaften*, 239-265. Bielefeld: transcript.

Roth, R. (2010). Engagementförderung als Demokratiepolitik: Besichtigung einer Reformbaustelle. In: Olk, T., Klein, A. & Hartnuß, B. (Hg.). *Engagementpolitik. Die Entwicklung der Zivilgesellschaft als politische Aufgabe,* 611-636. Wiesbaden: VS.

Schäfer, A. (2009). Krisentheorien der Demokratie: Unregierbarkeit, Spätkapitalismus und Postdemokratie. *dms – der moderne staat* 1, 159-183.

Schui, H. (2014). *Politische Mythen und elitäre Menschenfeindlichkeit. Halten Ruhe und Ordnung die Gesellschaft zusammen?* Hamburg: VSA.

Staud, T. (2013). Ungezählte Opfer. *Dossier Rechtsextremismus der Bundeszentrale für politische Bildung* [http://www.bpb.de/politik/extremismus/rechtsextremismus/158566/ungezaehlte-opfer – letzter Aufruf: 23.07.2014].

Stöss, R. (2007). *Rechtsextremismus im Wandel.* 2., aktualisierte Auflage. Berlin: Friedrich Ebert Stiftung [http://library.fes.de/pdf-files/do/05227.pdf- letzter Aufruf: 27.08.2014].

Tagesspiegel (2013). Weit mehr Opfer rechter Gewalt als bisher vermutet. *Tagesspiegel, 04.12.2013* [http://www.tagesspiegel.de/politik/die-vergessenen-toten-weit-mehr-opfer-rechter-gewalt-als-bisher-vermutet/9167192.html – letzer Aufruf: 23.07.2014].

Wagner, T. (2013). Soziale Arbeit als Ort der (Post)Demokratisierung von Gesellschaft? Ein kritischer Blick auf das sozialpädagogische Spannungsverhältnis von Ver- und Entbürgerlichung. In: Geisen, T., Kessl, F., Olk, T. & Schnurr, S. (Hg.). *Soziale Arbeit und Demokratie,* 25-45. Wiesbaden: VS.

Whitley, B. E. & Kite, M. E. (2010). *The psychology of prejudice and discrimination.* Belmont: Wadsworth.

Wolf, C., Wagner, U. & Christ, O. (2005). Die Belastungsgrenze ist nicht überschritten. Empirische Ergebnisse gegen die Behauptung vom vollen

Boot. In: Heitmeyer, W. (Hg.). *Deutsche Zustände. Folge 3,* 73-91. Frankfurt a. M.: Suhrkamp.

Zeit online (2013). Todesopfer rechter Gewalt 1990–2013. [http://www.zeit.de/gesellschaft/zeitgeschehen/todesopfer-rechter-gewalt – letzter Aufruf: 23.07.2014].

Zick, A. (1997). *Vorurteile und Rassismus – Eine sozialpsychologische Analyse.* Münster: Waxmann.

Zick, A. (2004). Soziale Einstellungen. In: Sommer, G. & Fuchs, A. (Hg.). *Krieg und Frieden: Handbuch der Konflikt- und Friedenspsychologie*, 129-142. Weinheim: Beltz.

Zick, A. (2010). Aktueller Antisemitismus im Spiegel von Umfragen – ein Phänomen der Mitte. In: Schwarz-Friesel, M., Friesel, E. & Reinharz, J. (Hg.), *Aktueller Antisemitismus – ein Phänomen der Mitte*, 225-245. Berlin: de Gruyter.

Zick, A. (2014). Neuer Antisemitismus, alter Hass? Der Konflikt Gaza erschüttert noch ganz anders. netz-gegen-nazis.de, [http://www.netz-gegen-nazis.de/artikel/neuer-antisemitismus-alter-hass-9614 – letzter Aufruf: 29.07.2014].

Zick, A. & Hövermann, A. (2013). Zwischen Widerstand und Befürwortung – zivilcouragierte Einstellungen gegenüber dem lokalen Rechtsextremismus. In: Grau, A. & Heitmeyer, W. (Hg.). *Menschenfeindlichkeit in Städten und Gemeinden*, 93-111. Weinheim: Juventa.

Zick, A. & Küpper, B. (2006). Politische Mitte. Normal feindselig; In: Heitmeyer, W. (Hg.). *Deutsche Zustände. Folge 4*, 115-134. Frankfurt a. M.: Suhrkamp.

Zick, A., Küpper, B. & Heitmeyer, W. (2011). Vorurteile als Elemente Gruppenbezogener Menschenfeindlichkeit – eine Sichtung der Vorurteilsforschung und ein theoretischer Entwurf. In: Pelinka, A. (Hg.). *Vorurteile: Ursprünge, Formen, Bedeutung*, 287-316. Berlin: deGruyter.

Zick, A., Küpper, B. & Hövermann, A. (2011). *Die Abwertung der Anderen. Eine europäische Zustandsbeschreibung zu Intoleranz, Vorurteilen und Diskriminierung.* Berlin: Friedrich-Ebert-Stiftung.

Zick, A., Küpper, B. & Legge, S. (2009). Nichts sehen, nichts merken, nichts tun oder: Couragiertes Eintreten gegen Rechtsextremismus in Ost und West. In: Heitmeyer, W. (Hg.). *Deutsche Zustände. Folge 7*, 168-189. Frankfurt a. M.: Suhrkamp.

Zick, A., Wolf, C., Küpper, B., Davidov, E., Schmidt, P. & Heitmeyer, W. (2008). The syndrome of group focused enmity: The interrelation of prejudices tested with multiple cross-sectional and panel data. *Journal of Social Issues* 64/2, 363-383.

Die Autorinnen und Autoren

Andreas Zick, Dr. rer.-nat., phil. habil., Dipl.-Psych., Jahrgang 1962, ist Direktor des Instituts für Interdisziplinäre Konflikt- und Gewaltforschung (IKG) und Professor für Sozialisation und Konfliktforschung an der Fakultät für Erziehungswissenschaft der Universität Bielefeld. Andreas Zick hat über Vorurteile und Rassismus promoviert (publiziert im Waxmann Verlag) und zur Psychologie der Akkulturation habilitiert (publiziert im VS Verlag). Er hat an den Universitäten Bielefeld, Bochum, Dresden, Jena und Wuppertal gelehrt und forscht seit den 1980er Jahren zum Thema Vorurteile. Die nationalen und internationalen Projekte und Schriften sind unter www.uni-bielefeld.de/ikg/zick dokumentiert.

Andreas Hövermann, Dipl. Soz., studierte Soziologie und Sozialpsychologie in Bielefeld und arbeitet und promoviert am Institut für interdisziplinäre Konflikt- und Gewaltforschung zu Anomie und Vorurteilen. Einer seiner Schwerpunkte liegt in der international vergleichenden Vorurteilsforschung zu der er als Mit-Autor die europäische Studie »Die Abwertung der Anderen« veröffentlichte.

Eva Groß, Dipl. Soz., M.A. int. Kriminologie studierte Soziologie in München und internationale Kriminologie in Hamburg. Sie promoviert und publiziert am Institut für interdisziplinäre Konflikt- und Gewaltforschung zu Ökonomisierung des Sozialen, Vorurteilen, Rechtsextremismus und Jugendgewalt. Sie hat mehrere Jahre im Langzeitprojekt Gruppenbezogene Menschenfeindlichkeit gearbeitet und zuletzt zu jugendlichen Mehrfachtätern geforscht.

Anna Klein, Dr. phil., ist Erziehungswissenschaftlerin. Sie ist wissenschaftliche Mitarbeiterin an der Fakultät für Erziehungswissenschaft in der AG Sozialisation sowie am Institut für interdisziplinäre Konflikt- und Gewaltforschung. Sie forscht und publiziert zu Rechtsextremismus, Gruppenbezogener Menschenfeindlichkeit und Toleranz. Ein Schwerpunkt ihrer Arbeit liegt im Bereich der politischen Bildung.

Beate Küpper, Dr. phil., Dipl.-psych., ist Professorin für Soziale Arbeit in Gruppen und Konfliktsituationen an der Hochschule Niederrhein. Sie arbeitet vor allem zu den Themen Vorurteile und Diskriminierung, Diversity und Integration. Als wissenschaftliche Mitarbeiterin am Institut für interdisziplinäre Konflikt- und Gewaltforschung hat sie viele Jahre im Langzeitprojekt Gruppenbezogene Menschenfeindlichkeit in Deutschland gearbeitet und das gleichnamige Projekt in Europa koordiniert.